POWER SPOT

新たなツキを次々と呼び込む!
しあわせ♥生活ルーティン

「パワースポット」で神さまに好かれて開運する方法

パワースポット
案内人
下川友子
Tomoko Shimokawa

まえがき――パワースポットは、神さまと出会える場所

●厳島《いつくしま》神社に導かれて

私が、パワースポットに行くきっかけとなった出来事は20代の頃、とあるCM撮影の現場で出会ったヘアメイクさんに、**「君には、ほうきを持った巫女さんが見えるから、神社に導かれるよ」**と伝えられたことでした。

家に帰ってお風呂に浸かっていると、「水、きれい、島、神社」という単語がポンポン降りてきて、頭から離れない。「なんだろう?」。

お風呂を出てパソコンを開き、すべての単語を打ち込むと、トップに挙がってきたのは、広島県の**「厳島神社」**のホームページでした。

当時は、クリックすると、ほうきを持った巫女さん(アニメ)がテクテクと左端から歩いてきて、真ん中でペコッとお辞儀。右端にはけていき、厳島神社の風景がドー

ンと上がってくるというサイトでした。

するると、その瞬間、まるで厳島神社の画像の中にギュイーンと吸い込まれてしまいそうになって、ぐるぐる目が回る感覚で、いてもたってもいられず、そのヘアメイクさんに連絡しました。

「私、行く神社がわかった気がします！」と伝えると、「厳島神社でしょ（笑）」と即答。えええええーーーーっっ!? もぅ、天地がひっくり返っちゃう気分で、すぐさま厳島神社に向け旅に出ました。

後に知ったことですが、厳島神社のご祭神は、宗像三女神《むなかたさんじょしん》。道主貴《みちぬしのむち》と言って「あらゆる道を導かれる最も尊い神さま」と言われています。まさに、私のパワースポット人生のスタートとなった神社です。

●驚くほどのシンクロニシティの数々

それからは、行ったこともも見たこともない神社の映像が夢に出てきます。鳥のように上空から俯瞰《ふかん》していて、目覚めた瞬間にその風景をメモして、ネットで探してみる。するると！ あるんです、その場所が！

また、あるときは、たまたま入った飲食店で隣の人が話している神社名が耳に入り、「あれ、さっきも雑誌で見たな！」と、何度も何度も同じ神社名を見たり聞いたりするので、「次はここだ！」と、その神社に出かける日々が続きます。

そんな中、とある霊能者の人を紹介されて、

「あなたには、たくさんの神さまと、天照大御神《あまてらすおおみかみ》さまが見えます。北と南に天照さまとゆかりある土地があるから、そこに行きなさい。あなたの下川という名前と関係があるわ」

と言われて、家に帰って早速調べると、北海道にありました、**下川神社**！　ご祭神は天照皇大神《あまてらすすめおおかみ》。ひょーっ。早速北海道へドビューン。

ただ、南を探すも、なかなか見つからず、どこだろう？　どこだろう？　と思っていると、友だちと沖縄旅行に行く話になり、「石垣、宮古、本島」のどこに行こうかとくじ引きすると、宮古！

その頃は、迷ったらよくくじ引きをしていました（笑）。よし！　宮古島だ〜♪

ところで、宮古島の神さまってどんな感じなんだろう？　宮古島の情報を調べていたら、とあるサイトにたどり着きます。

クリック。開いた瞬間、ギュイーーン！　またまた頭が吸引⁉　そのサイトは、宮古島にある万古山御嶽《ばんこやまうたき》という御嶽を紹介していました。

よく見ると、**住所の地名が「下川」「天照大神の生誕の地の中継拝所」**とあり、そのサイトには、偶然にも私の誕生日が記載されているじゃないですか！　ひょおおおおーっ！　これ、ここだ！　ここに行こぅ！

●様々な人とのご縁で能力が格段にアップ！

宮古島に行くと決めたら、驚くほどの展開です。宮古島の神さまのお使いの人をご紹介いただき、万古山御嶽や宮古の神さまの地をご案内いただいて、宮古島の特別なお祭りにも参加。とんとん拍子に進みます。

神さまとのつながりと直感がぐんぐん伸びていった頃、今度は宮古島で修験道の神通力を持った本物のお坊さんたちと出会い、その後しばらくご一緒して、国内、海外を巡礼し、修験道の神通力、先祖供養を様々な形で教えていただきました。

また、宮古島で偶然出会った高野山のお坊さんには、高野山の特別な聖地をご案内いただきました。奥之院の最高管理者維那《ゆいな》さんとのご縁が生まれ、今も高野山とのつながりは深いものです。

パワースポットは、神さまと出会える場所。そして、神さまは土地と人の縁を結びます。

神さまもそうですが、そこで出会った人たちも、私の目に見えない能力や魂の学びを高め、私の世界を広げてくださいました。

私は、この本を通して、私が一つひとつ学んでいった神さまとのつながり方を、より多くの人に体感していただき、さらに神さまに好かれ、開運していく方法をお伝えしたいと思います。

2023年8月吉日

下川友子《しもかわともこ》

カバーデザイン　takaokadesign
企画・編集協力　遠藤励起
章扉・本文イラスト　下川友子
本文仮名書体　文麗仮名（キャップス）

もくじ

第1章　「パワースポット」を通じて神さまとつながろう！

第2章　神さまに好かれるために、普段から心がけたい「生活習慣」

第3章

神さまとつながるためのパワースポットの選び方

第4章 パワースポットに行く直前&帰宅時の開運行動ルーティン

第5章

パワースポットでの開運行動ルーティン

第6章

神さまとつながるための「お家パワースポット計画」

第7章　「仕事運、金運、対人運」が上がる変化の起こし方

第1章

「パワースポット」を通じて神さまとつながろう！

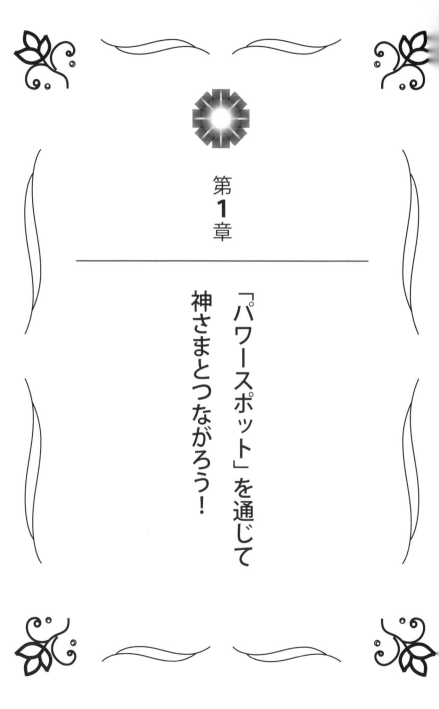

パワースポットは、良質な気が満ちて生命力を高めてくれる場所

飛行機が着陸して、どこか違う土地に足を踏み入れた瞬間、「あぁ、空気が違う。いいところだな〜」と感じたこと、ありませんか？

私たちは、視覚以外の感覚からも、息をスィーッと吸い込んだ瞬間に、土地の香り、気温や質感、風や光にふわ〜り乗っている、その場所に流れる情報、つまり「気」（エネルギー）を一瞬でダウンロードしています。

なぜか初めて来たのに懐かしい感じがする、肌馴染みのよい空気が流れる、そんな不思議と心地よい場所は、私たちそれぞれが持つ気と、土地の気の相性がピタッと合う場所です。

そういった相性の合う土地や、自然界のパワースポットの良質な気に触れると、心も体も「心地いい」感覚がふわふわ膨らんでご機嫌になります。ただ息を吸って吐い

て、歩いて、食べて、楽しんでいるうちに、細胞の一つひとつがぷはぁ〜っと開いて、良質な気を吸い上げていくんですね。

さて、そんな魔法のようなパワースポットは、一体どんなところ？　と言いますと、**「プラスのエネルギー、良質な気が満ちて、生命力を高めてくれる場所」**のこと。

地球で生活する私たちは、自然も人間も動物も、すべての存在に巡り続ける気（エネルギー）の影響を受けて、支え合って生きています。プラスの気はポジティブに、マイナスの気はネガティブに、気の影響が強いほうに引っ張られるイメージです。

大自然のパワースポットは、私たちの心や体に重くのしかかるストレスや邪気を洗い流すほどプラスのエネルギーが強く、神々しい生命の光がドーム状に広がっています。

体内に巡っている気の力がプラスになってくると、本来の自分の力を発揮する生命力がグーッと立ち上がってきます。

新たなチャレンジ精神や、やりたいことが見つかって、イキイキ行動できるとき、また自分も、他人の存在もあるがまま受け止められるときは、あなたの中にプラスの気が満ち溢れて、ある意味パワースポットになっています。

これこそ、自然のパワースポットのステキなところ。あなたがパワースポットになれば、ポジティブな循環をあなたが生んでいけるってことです！

パワースポットの気は、2種類ある

さて、パワースポットの気は、主に2種類、**「天型の気、地型の気」**があります。**天型の気は、宇宙や星、太陽、月など、天上界からパーッと降り立つ崇高なエネルギーです。**


天上界に近いピラミッド形の山の頂は、天型の崇高なエネルギーが届きやすい場所。

そして、地面のプレートがぶつかって盛り上がったり、火山が噴火したりしてできた山は、大地の地型の気もあり、天と地のパワーが交差する、巨大なパワースポットでもあります。

ちなみに、**神さまの世界にも、天《あま》つ神と国《くに》つ神がいますから、天型と地型の神さまがいる**のです。造化三神《ぞうかさんしん》や、天照大御神を中心とする、天つ神が祀られる聖地には、天型の神さまの気が降り立つパワースポットがあります（例外もあります）。

天型の気は、崇高な光のシャワーのように降りそそぎ、宇宙や神さまと自分が一つのエネルギーになれる場所。とても軽やかで心地よい、高い気が充満しているので、体の感覚もとても軽やか。

こうしようというひらめきや直感が働きやすい場所で、心地よい肯定感がほわんと膨らみ、自分の直感をそのまま行動に活かせるイメージが湧いてきます。

地型の気は、地球や大地の生命力、地上界から生まれるエネルギーです。

山や島を生む火山活動が活発な場所からは、ブクブクと温泉が湧きます。山に降った雨は、地中でろ過され、湧き水は、湖、川、滝となって生き物を育て、海に流れていきます。このように、地球の生きるエネルギーは、地型の良質な気を生み大地を巡り続けているんです。

そして、大国主 命《おおくにぬしのみこと》を中心とする、国つ神が祀られる聖地には、地型の神さまの気が降り立つパワースポットがあります（例外もあります）。**地型の気は、地に足がついて、地球と自分がつながり循環できる場所。**生命力や個性をのびのび育み、根っこを生やしていけます。

体に詰まった邪気やネガティブな気は、地型の良質な気が流れる、水、植物、木、土、岩などに直接触れることで、大地のバイブレーションと共鳴。より深いところまで浄化され、その人本来の逞《たくま》しい生命力が立ち上がってきます。

前向きな行動力と、自己肯定感や安定感が、「今」を生きる新しい力に！　地型の気は、現実を動かす力が強いのも特徴です。

パワースポットには、様々な神さまがいる！

そもそも日本人は、森羅万象《しんらばんしょう》すべての存在に神さまが宿られると考え、自然とともに生きる、自然を敬う気持ちを大切にしてきました。

特に、**太陽と雨（水）、海と山は、古代の人々にとって、存在自体が神さま**です。山と海は、生きていくために必要な水や、動植物を育てる存在。ただ、津波や噴火が起きたら、生活は一瞬で崩壊します。また、天候によって、農作物の収穫が左右されるので、生命の危機とも直結します。

自然界の恵みを与えてくださる存在を神さまとして敬い、感謝を伝えて、平和を守っていただく、日本は神さまとの関係がとてもシンプルですね。

日本の神話を読むとわかりますが、太陽も月も雷も嵐も水も山も海も……、みーんな神さまが宿っています。八百万《やおよろず》の神々の国、まさに！　です（笑）。

神社に神さまがいるのは、もちろんですが、じつはそれだけではありません。**天型の気が降り立つ場所、地型の自然界の生命エネルギーが生まれる場所は、良質な気も生まれます。**そして、**そこには、自然界の名もなき神さまや自然霊があちこちにいる**のです。

つまり、**パワースポットは、神さまとつながりやすい場所！**

神社にあるご神木だって神さまが降り立つ木、磐座《いわくら》（神が宿るとされる石）だって神さまの依《よ》り代《しろ》。神さまは、神社のご本殿だけにいるわけではないのです。

自然界の神さまは自由自在、あらゆるところにスーッと降りてこられます。

自然の山にある小川や巨木にも神さまがいますが、すべての場所というよりも、スポットがあるんですね。

そのなかでも、**絶対に神さまがいるよ！　というパワースポットは、清らかな滝**です。昔の行者が修行をされた滝は、不動明王さまがお祀りされていたりしますが、仏像や祠《ほこら》の有無に関わらず、**滝には必ず自然界の水の神さま（自然霊）がいます。みなさまご存じの龍神さまです。**

自然界の神さまは、とても個性的。女性的なやわらかい神さまもいれば、男性的なアグレッシブな神さまもいます。

日本の神話はこうやって、自然界のあらゆる個性から生まれたのかもしれないですね。そんな感じで、山は山でも、海は海でも、みんなそれぞれの場所にピッタリの神さまがいますので、パワースポットに訪れた際には、神さまがいるかも⁉　と意識を向けて、自然と触れ合ってみてください。

身近な場所にも、神さまはいるかも？

私が住んでいる神奈川県横浜市には、市民の森・ふれあいの樹林というものがあちこちにあります。緑を守り育てる横浜市独自の緑地を保存する制度で、市民の憩いの場になっています。市民の森・ふれあいの樹林マップに載っているだけでも市民の森は47か所、ふれあい樹林は14か所と、かなりの数があります。

新たなパワースポット発見と自然の神さまにお会いするため、私は、あらゆる市民の森を散策しましたが、驚くことに、公園内の池や樹木、祠、神社跡、仏像、さまざまな場所に精霊や神さま、仏さまがいました。緑を守り育てているのは横浜市とボランティアの方々、そして神さま、仏さまのようですね（笑）。

身近な日常では、こんなことも。**近所の里山にある公園を愛犬とお散歩中、ふわっと風に変化があり、おや？　不思議な気配を感じて、キョロキョロ。近くの木を見上げると、木の幹の上のほうから、ふわぁ〜〜っとご神木級のエネルギーが降りてきます。**

あらっ、手のひらがじりじり内側からあったかい。良質な気が体に入るとあったかいのです。「神さま〜。こんにちは〜」と挨《あい》拶《さつ》をすると、心地いい爽やかな気を返してくれます。

気づくと、愛犬ぺちゃも同じように木の上のほうをじーっと見つめていました。動物は人間よりもさらに目に見えない存在に敏感なようです。

それ以来、私にとってこの木はご神木です。お散歩で通るたびに見上げ挨拶をする楽しみがあります。考えてみれば、その木がある場

所は、昔神社があった跡地。まっすぐ天に向かって伸びる木は、この里山を代表する主のような存在です。

あなたの家のそばにも、そういった気になる木はありませんか？

もしかしたら、神さまが木の枝にそっと腰をかけて、あなたを見守っているかもしれません。ふと気になったら、心、意識で話しかけてみてください。

パワースポットで鳥が上空を旋回しているとき、ふわ〜っと神さまの気を感じることがあります。鳥たちに神さまが乗っていて、神さまの清らかな気やメッセージを運んでくることもあります。

また、**聖地で会う蝶やトンボ、虫たちは特に気に敏感です。聖地では、神さまのお使い。**きっと偵察して、神さまに「こんな人が来てます〜」と報告しています（笑）。

そうやって、私たちの身近な場所、パワースポットには、神さまの光が降りそそいでいるのです。

五感を開いて「思考の空白」をつくること

神さまや目に見えない存在と、つながったり、コンタクトを取ることって、特別な能力を持っている人だけができると思っていませんか？

いやいや、そんなことはないんです。

私のパワースポットツアー（AMATERASツアー）に初めて来られたお客さまは、「私神さまを感じないんです。感じてみたい」とよく言われますけど、ほぼほぼ全員、遅かれ早かれ、神さまとつながる感覚が開いてきます。

おそらく、みなさんスイッチは持っているけれど、意識して使っていない、オンにしていないだけ。

だから、「私は無理」と思わずに、「私も神さまとつながりたい」と素直に思って、神さまを大好きになってくださいね♪

素直な心で神さまに話しかけると、神さまとつながるアンテナがピン！　と立ちやすくなります。

さて、神さまとつながりやすくなるために、大切なポイントがあります。

それは、第六感のアンテナをピン！　と立てるために、**頭で考えることを少しお休みすること**。五感をよ～く研ぎ澄まして、「感じる」ことを大切にしてみます。五感とは、視覚（目）・聴覚（耳）・嗅覚（鼻）・味覚（舌）・触覚（皮膚）の５種類です。

この中で、**五感を育むために、たまに使わないでほしいのが「視覚」**です。

日々、私たちは、目に見える情報に頼りすぎています。なので、その視覚をちょっと休ませることで、感覚が磨かれていきます。

では、思考の空白をつくる方法をご紹介しますね。

一度、ふぅ～っと息をゆっくり吐いて、今ある景色をただぼんやり眺めてみます。

何かが頭に浮かんで考え出したら、また、ぼんやりに戻します。価値判断なしにありのままをぼーっと受け取る感じです。

それから目をゆっくり閉じて、聴こえてくる音をただただ受け取ります。意識して拾おうとせずに、遠くの音、近くの音、とっても小さく繊細な音も受け取っていきます。ドクッドクッと心臓の鼓動も感じてきましたか？

一つひとつの音の余韻、バイブレーション、音が自分の内側に浸透して広がっていく感じを静かに味わいます。

他の感覚も同じように、ぼんやりと味わっていきます。

体の内側で小さくこだましながら、耳で聞いた音も、鼻で嗅いだ香りも、体の内側でつながっていき、スーッと溶けてなくなっていく感じを、魂で穏やかに味わいます。

静かに自分の内側に意識を向けて感じていると、生まれてくるのは透き通った空白。

この空白は、魂がふんわり浮上するような心地よさがあります。ゆるり眠くなるような、心地よさに包まれている瞬間、やわらかい癒しであなたの波動も上がってい

きます。

空白が生まれて、波動も上がり、繊細な感覚を味わえるときは、神さまともつながりやすくなりますよ。

風を感じて、神さまとつながろう

さて、五感を魂で味わう感じは、日常の身近なことでもできます。

外を歩けば、普段何気なく吹いてくる風。この風自体は目に見えない存在で、私たちの目に見えているのは、何かに当たってゆれる姿や生まれる音。

もともと感覚で風を感じています。

たとえば、今吹いてきた風の感じを、ぼんやり味わいます。

「あ、今の風はやわらかい」とか、「あったかい」「やさしい」「さわやか」とか。

風の感じは、場所や天候によっても違いますが、目に見えない良質な気もまた、風に乗って運ばれてきます。

できれば自然の豊かな公園とか、気持ちがいい場所で味わってみてください。

その風はどっちから吹いてきた？　風が肌に触れる感じ、頭の上を通り抜ける風の感じ、耳に風が当たって聞こえる音、そんな小さな感覚に意識を向けていきます。

サラサラと体に触れる風は、あなたの体のまわりのお疲れの気を清らかに拭い去っていきます。

スーッと口から風を吸い込んで、肺に入ってきた風は、体中をひんやり清めていきます。

その風はどんな香りを運んでいますか？　鼻から吸う風はスーッと脳みそに流れて、滞っていた考えを風が拭い去っていきます。

風を全身に取り入れてください。**風は感覚の浄化にも役立ちます。**そして、**浄化されるほど、清らかな神さまとつながりやすくなる**のです。

それから、風のちょっとした違いや変化に気づいてくると、たとえば、神社の拝殿の前にスッと立ったとき、サラサラと吹いてきた風が、「あれ、何か違う。気持ちがいい~」。ご神気が乗った風は、神さまが降りてこられたときの風です。

「あっ、これがご神気なんだ……。神さま、ありがとうございます~♪」

そのうれしい気持ちは、あなたの波動を上げて、あなたの空白にドーッと神さまの気が入ってきます。

神さまはとても高い波動を持っています。ですから、**高い波動、つまり、「感動や感謝の気持ち」が、神さまとのつながりを高めてくれる**のです。

というわけで、五感を育てて、頭ではなく感じた感覚を、ただただ受け取って味わうことで、パワースポットに訪れた際に、神さまの風や空気の違いに敏感になり、感覚の違いを実感できるようになっていきます。

「新しいこと」を選択することで開運する！

神さまとつながり、人生を開運させる、そこには大切なポイントがあります。ただじーっとしているだけで、運が開くわけではないので、今、あなたが思うことを叶える行動をしてみましょう。

人は、今の自分から変わらないほうが安心です。でも、もう一人の自分は、新しいことがないかなぁ〜、いいことがないかなぁ〜と思っています。**開運は、どっちが起こしやすいかというと、間違いなく新しいことを選択するほう**です。

ただ、不思議ですけど、自分を制御する、縛りつける、我慢するほうに引っ張られがちな、修行系の方が多くいます（笑）。

そこでまず、**今までの経験とは違う、新しいことを「できない」「やっちゃだめ」と判断するあなたに、「やってもいいよ」と許しを与えましょう。**

たとえば、パワースポット巡りは、いつもがんばっているあなたのためのパワーチャージの旅です。思う存分、体や心に「ありがとう」を与えてあげてください。源泉かけ流しの温泉に入ったり、地の食材をいただけるちょっといいお店を選んだり、一人旅でも、自分を最大限もてなすセレクトを一つひとつ大切にします。

一人旅で、うなぎの有名な産地にいるとしましょう。うなぎ屋さんを見つけて「うわっ、うなぎ食べたい！！！」と感じたその瞬間、ランチの金額を見て、高っっ……。えっ、一人でうなぎ？　どうしよう？　うなぎ、贅沢かな……。と、ややもや〜。誰かといると、「あぁ、うなぎ、食べるー！」となっても、一人だと最初に感じた心の素直な声ではなく、叶えないための考えがもや〜っと浮かんでしまう。

そんな感じのまま、うなぎを食べたとしても、お支払いのときに罪悪感がもや〜っと上がってきますよね。

お買い物や、飲み会、さまざまな場所で、自分を大切にもてなすことに引っかかってしまうときは、自分に伝えてください。

「私は、今を最高に生きる。許可します。ありがとう！」って（笑）。

AMATERASツアーでは、こんな会話がよくあります。

「そのツアーすごく行きたい。でも会社が休めないです」

この言葉を聞くと、ツアーの常連さんたちは、きたきたきたー！　とテンションが上がります。なぜなら、行ける方法を知っているから（笑）。

大切な会議とか、特別な時期でなくても、「まず2日は休めない。3日なんて休めない」と自分で思い込んで、休めない自分を生み出しているその枠を、そっと外す方法があるんです。

すごくシンプルなこと！

とりあえず行こう！　どうすればいいかな？　と、思考を「行く」にシフトすること。「できない」を考えないで、「できる」で考えます。

日本全国、たくさんの聖地がある中で、ふと人の口から伝えられた場所に、すごく興味が湧いて「行きたい」と思う場所、それは縁だと思いませんか。

そういった縁のある土地に足を踏み入れることで、人知では考えられない出来事や、もしかしたらこの先の人生がドーンと開く出会いが巡ってくるかもしれない。

神さまとのつながりには、今のあなたが少しだけ変化を起こすことで、人生をガラッと変えてしまうほどの力があるのです。

ねっ、新しいほうに行きたくなるでしょ（笑）。

つねに「自分軸」で行動する

人生の運を開くためには、心の奥底に生まれた想い、感情や直感を大切に受け取り、その想いにそった行動をする、「自分軸」で動くことです。

他人にどう思われるか、何を言われるかなど、「他人軸」で想像して動いていると、自分の想いにそった行動ができなくなって、もやもや～が生まれてきます。

今、目の前の景色は違っても、感じ損ねた感情は、後から後からじわじわと心にしみ込んで、過去に戻していきます。

何度も何度も「過去」の出来事を「今」に持ってきてリプレイされるとき、エネルギー的にも、今を過去でがんじがらめに縛って、今を動けない自分を生み出してしまうんです。


他人のことで自分のエネルギーを消耗していったら、自分に注ぐエネルギーがなくなってしまいます。

それに、過去を現実に持ってきて渦巻いていると、今、現在のスイッチが入らないので、大切な今にエネルギーが注げません。

今の決断ができないと、未来も変わっていかない。

それは開運じゃないーーーっ!!

というわけで、何より大事なのは、**今の自分に集中すること。**

シンプルが一番！　自分軸で行動してみましょう。

じつは、神さまは光のような存在なので、パワースポットで光を受け取ると、隠れていた心の影が湧き上がってくることがあります。影は、私たちの魂の学びが必要なこと。

今が生きにくいときは、この影が膨れ上がって大きく重たくならないうちに、自分軸で行動や考えを改めてみましょう。

自分に主軸があると、他人に求めること、コントロールすることも減っていきます。むしろ、**他人に求める感情は、じつはあなたの心に必要なこと。**

「自分を認めてくれない」と相手に求めることがあれば、それは、自分を「認めてあげる」ことが、今必要なんだ！　と気づけるんですね。

「相手に求めることは、自分に置き換えて、してあげる」

これが、ポイントです。

自分軸で動くと、今のあなたのエネルギーに合う人と出会って、仲良くなります。

なので、もしうまくいかないことが続くときは、出来事を他人のせいで終わらせないで、「自分軸で行動してる?」と自分に聞いてみてください。

自分軸は、自分を責めることじゃないんです。最初から、一つひとつ自分の想いにそった言動を選択すること。

「自分がどうしたい」という自分の想いの主軸が整ってくると、

「人生は、すべて自分が創り上げていける!」

「今、自分のためにできる創造がある!」

と気づいてきます。

「自分の選択によって起こったことは、決めたのは自分。ただ言葉や行動によって、その結果がきた」

そういった自分軸を育てると、結果はどうあれ、他人のせいにはなりません。自分の経験と力に変わるだけです。

また、他人と考えが違っても、「自分の軸と他人の軸は違う」と理解できるので、調和の取り方を選択できます。

あなたの波動をよい状態にする心地いい選択とは、心の素直な声と一体になるこ

と！

「今の選択を自分軸にする」ことです。

自分軸を育てることで、神さまとつながり、今を大切に生きる選択によって、魂もバージョンアップします。

神さまとのつながりは、必ず、開運につながるのです！

「氏神さま」を大切にすると運気が上がる

今日はどんな人と会って、どんなことがありましたか？

仕事関係の人、友だち、恋人、家族、さまざまな人と触れ合いながら、私たちはエネルギー交換をしています。

楽しい、うれしい、喜び、発見、感動はポジティブな気を交換しますが、辛い、残念、落ち込み、悲しみ、怒りの感情はネガティブな気の交換をしてしまいます。

お疲れさまですっ！　人間関係には一番悩みがつきものですね。

そんなお疲れのときは、どっぷり動けなくなる前に、心身のリリースが大切。

お風呂はシャワーではなく、**湯舟に浸かる**ことで、体の芯にあるネガティブな冷えを、お湯がじんわりあったためてほぐしてくれます。

お風呂は夜に入ると、一日の疲れをリセットしやすく、寝ている間の魂の休息度も高まるので夜の入浴がお勧めです。

朝はちょっと早起きをして、身近なパワースポット、今住んでいる土地を守ってくださる**氏神さまにお参り**しましょう。

日本全国、世界中あらゆるところに住めるのに、わざわざ今そこを選んで住んでいるのって、奇跡的なご縁だと感じませんか？　交通の便が良いから、スーパーが近いから、といった現実的な理由でも、その場所を選んだとき、タイミングが合ったから、ご縁が結ばれているということです。

家は、私たちの暮らしのベースになる場所。寝ている間に、魂の充電をしているの

で、その土地を守ってくださる氏神さまはとても大切なのです。

氏神さまにとっては、氏子のみなさんは、子どものように特別な存在です。

以前、ＡＭＡＴＥＲＡＳツアーのお客さまと4〜5名で、氏神さま巡りをしました。お客さまそれぞれの氏神さまを巡るのですが、住んでいる方がお参りをすると、神さまのご神気がやっぱり違うんです！　氏神さまは、どんな人がお参りにきていて、大切にしているか、ぜーんぶわかっていらっしゃるんだ！　と確信しました（笑）。

それから、私の経験では、**氏神さまを大切にしていると、その土地との良縁が結ばれていきます。**「神さまの計らい」が今住んでいる地域で起こるのです。地域や近所の方とのつながりが生まれたり、大家さんとの関係が良好になったり、その土地に関係する縁がまぁるくなっていくことが増えていきます。**土地の神さまと絆が生まれることは、今の生活のベースが整うサポートが増える**ということですね。

そして、**氏神さまは、外の神さまとのつながりも強めてくれます。**

たとえば、旅行で遠方の神社に行く前に、氏神さまに事前にお伝えしておくと、神さまネットワークで「〇〇がそちらに行きます～」と、遠方の神さまへ先にお伝えしてくれます。その旅の流れがスムーズに運ばれる手続きをしてくれる感じです（笑）。

そのことを感じてから、私は、旅から帰ってくると、氏神さまに、

「〇〇神社のお水です。神さま、つながってください。ありがとうございました」

と、**旅先の神社でいただいたご神水を氏神さまにお供えしたり、おつなぎして、神さまの光をおすそ分け**しています。

「お水つなぎ」と言いますが、ご神水には神さまの情報がすべて入っているので、氏神さまもとても喜ばれます。

神さまが喜び元気になると、そのパワーが、地域全体にドーム状にあたたかい気として広がっていきます。守る力が大きくなっていくのです。

こんな感じで、**氏神さまは身近な存在ですので、日常のいろいろな報告をしたり、お散歩感覚でお参りをしている間に、どんどん神さまとの関係が良好になります。**

そういえば、私は、引っ越しで家を探すときも、氏神さまにその旨をお伝えしてい

ます。この地域に住みたい！　という場所があれば、まずその地域を歩いて、ご飯を食べて、そこの氏神さまに挨拶をします。

すると、そこでも「神さまの計らい」が生まれ、物件とのご縁が結ばれやすくなるのです。また、住みたいとは思ってみたけど、ここは違うかも？　と直感的に自分と合わないものは遠ざけ、合うものを引き寄せる力がついてきます。

引っ越しは、エネルギーがガラッと変わる力があるので、自分の気分やエネルギーがよいと感じるときに選ぶと、よい部屋とのご縁が結ばれやすくなります。


また、新しく住む場所が決まったら、今の氏神さまに「ありがとうございました。お世話になりました」と伝えて、引っ越し先の氏神さまに「よろしくお願いします」と両方の氏神さまにご挨拶をして引っ越しをします。

人間関係のように、神さまの世界も筋を通すと、人生がどんどんよい方向に導かれていくので、ご縁が結ばれる楽しみが増えていきますよ♪


また、同じように大切な神さまが**「産土神《うぶすながみ》」**です。生まれた土地を守ってくださる神さまで、一生涯その人をお守りくださる神さまです。ご実家に帰られる際は、先祖供養と産土神を大切にお参りしましょう。

パワースポットは、「ゼロの状態」で行くと開運する！

パワースポットで神さまとつながり開運するには、「心地いい意識！」がポイント。できる限り自分を整えて、エネルギーの状態をゼロか、少しでもプラスにしてからパワースポットに出かけるとより高いパワーチャージができます。

重たい荷物を背負ったままパワースポットに行くと、自然界や神さまの良質な気に触れて、まず、過去の重たい荷物をリリースすることにエネルギーが使われます。マイナスをゼロに戻す旅です。それもまた、心身がリフレッシュされてとても楽になります。

ただ、ご自身の気がゼロやプラスの状態から、パワースポット巡りがスタートすると、目的や意識がしっかりと生まれるので、「あっ、今度あれをやろう」という、直感力やひらめきが生まれたり、今から少し先の未来に向かうために必要なパワーチャージが始まります。生命力が自由でのびやかに輝き、本来の力が発揮され、開運が近づくのです。

特に神社は、明るく清々しい意識、気分が上向きになった状態で、拝殿の前に立つと最高です！　目標や願いを伝えるアンテナがスッと立ち上がり、神さまともつながりやすくなります。

ですので、**パワースポットに行く前は、自分を整えて、氏神さまとつながり、そして、これ大事！　家もきれいにしていきましょう（詳しくは第４章でご紹介します）**。

パワースポットで、心も体もリフレッシュされて、気持ちも前向き。「よーし、ただいまー！」と帰ってドアを開けた瞬間、部屋がぐちゃぐちゃ……。

人間は戻るスピードのほうが早いです。出かける前のエネルギーに引っ張られて、朝起きたときには、パワースポットのエネルギー残量50パーセント。その翌日は……。

それは、もったいなーい！　浪費するだけではもったいないですよね。

ですので、最低限掃除をしてから出かけます。

ネガティブな気、邪気をなるべく浄化、心地よさを保てる状態にしてから、パワースポットに出かけましょう。

パワースポットは、「一人か気の合う人」と行くことが大事

開運のためのパワースポット巡りは、**一人旅、気の合う人と、神さまとつながりやすい仲間と行く**のがお勧めです。

気の合う人とは、気＝エネルギーの合う人。神さまの光を浴びると、素直な心がふわっと開いてくるので、その場で味わうことや感想をおしゃべりして共有すると、自然とエネルギーワークが始まります。気の合う人とは、ポジティブなパワーチャージ

がお互いにできるでしょう。

一人旅は、その場で感じたことが、心の中でこだまして、歩きながらじっくり味わい咀嚼《そしゃく》できます。「今の自分」とピッタリ焦点が合うので、日常で味わった感情を整理する時間にもなりますね。

私たちは、**「神さまの分け御魂《わみたま》」**、一人ひとりに本来神さまの光があります。小さくても、神さまのように夢を叶える光のパワーが魂に満ちているのです。でも、おそらくほとんどの人がそのことを忘れているか、知らずに生きています。

魂が、神さまのようにパーッと輝くためには、心の対話から生まれる素直な声を拾いあげること。

そして、その声と新たにいただいた生命力を、今の人生に活かすこと、そこで生きる喜びや感動、感謝を味わうことです。

一人旅は、「今の自分が何をしたい？ どうしたい？」という意識に向きやすいので、内なる声をそのまま叶えてあげるトレーニングにもなります。

誰かに合わせることなく、一人旅は、ここにいたいと思えば、いくらでも気がすむだけ佇んでいられます。お腹がすいたら、すぐご飯を食べに行けます。今、欲しているることだけに意識が向くので、今の自分を大切にする感覚を養うことができるのです。

私が、楽しかった旅の出来事は、韓国の摩尼山《マニサン》に一人で登山したときのこと。バスで降ろされた場所が、調べたところとは違うまったく知らない場所で、えぇぇーっ⁉となりました。

たまたま道端で出会った人に、身振り手振りで摩尼山！　と伝えていたら、翻訳アプリをダウンロードしてくれて（笑）。親切にバスを降りるところまで運転手さんに伝えてくれて、「摩尼山楽しんできてね」とお勧めスポットを教えてもらいました。

しかも、帰りに入ったお店は、日本語も英語も何もかも通じなくて、ハングル文字を見て、「これ」とメニューを決定（今は、Google翻訳でわかりますね！　笑）料理が出てくるまで何が出てくるのかわからない、そのワクワク感、味わったことのない感覚でした（食べたかった麵類が出てきたときの喜びといったら……♪♪）。

一人旅は、土地の人とのつながりが生まれやすい。ひょんなことから、旅先でお友だちができることもあります。

心身が心地よくゆるんで、ハートがオープンになると、その場の出会いを十分楽しめるんですね。**偶然の出会いは、神さまの計らい**です。偶然の必然、旅をめいっぱい楽しみましょう。

そして、**お友だちとパワースポットに訪れる際には、人を選ぶことがとっても大切。**誘われた際、ちょっと引っかかる、どうしよう、行っておいたほうがいいのかな、と悩むときは、直感に従った判断を。また違うタイミングでも「行くー！」と感じたときがレッツゴーです。

第2章

神さまに好かれるために、普段から心がけたい「生活習慣」

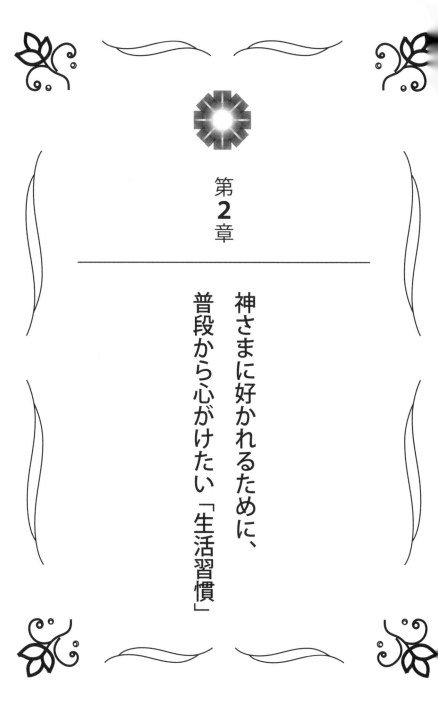

神さまは、「神さまが好きな人」を好きになる！

「あぁ、あの人にお近づきになりたい。好かれたい！」

そう、あなたが感じる人はどんな方ですか。キラキラしていて、魅力的で、ワクワク楽しそう、新しいこと好きで、刺激を与えてくれて、優しくて、心地よくて癒される……って、私にとっての神さまです（笑）。

そもそも、好かれたいってことは、あなたが好きってことですよね。

好きだと意識が向きますよね、好きだと応援したくなりますよね、好きだと何かの役に立ちたいと思いますよね。

「神さまに好かれたい！」と感じたら、人間と同じ！　神さまのことを自分から大好きになって、神さまに意識を向けて、神さまが好きなことをして話しかけてみましょう。

「神さまとつながるためにも、神さまが好きな人になる」これが、ポイントです。

神さまは、「自分を大切にする人」を好きになる！

神さまは、とにかく波動が高く軽やかな人が好きです。

今の自分に意識が向いて、前を向いて、一歩一歩歩いて成長していける人。

自分を整えて、スッと胸を開いて立って、「心地よい」を楽しめる人です。

これは、理想というより、ほんとに、そうなんですよ。この状態で神社に行けると、神さまと高い次元でつながります。

ただ、日常って、さまざまな感情が動くので、そう簡単ではないですよね（泣）。

なので、私たちは、一つひとつ自分を整理して、学んでいく必要があります。

さて、「相手に求めること」は、「今の自分に置き換えて、してあげる」と第1章で書きましたが、神さまに好かれるためには、**今の自分を好きになってあげることも大切**です。

魂は、生まれたときから卒業するまで、ずーっと一緒にいて、ものすごく尊い存在です。こんなに地球上にたくさんの人がいる中で、あなたの魂はあなたしかいない。ものすごい奇跡ですよね。自分を応援できなかったらかわいそうです。

他の人と比べたり、人に意識が向きやすい人は、自分軸に戻して、今のあなたをそっと受け止めてください。うまく受け止められなかったとしても、誰かのせいにしたり、他の人に求めてしまっては、魂レベルでの成長は難しくなってしまいます。

他人は、学びや成長の経験を与える、手助けをしてくれる存在ですが、学びを背負ってくれる存在ではないのです。

それは、神さまも同じこと。神さまは私たちを応援しながら、あたたかい光を与えてくださいます。ただ、神さまも魂の学びを背負ってくれるわけではありません。「なんとかして～神さま～」とすがりつく想いに対して、神さまが拒絶することはなくても、「あなた自身もがんばって～」と遠くから、距離を置いて見守ってくださる感じになるかもしれません（笑）。

これが、しっかりわかると、神さまとの関係も人との関係も、とてもシンプルになっていきます。

すべてが学びと成長なのです。うまくいかなくて、もがいているときでも、前を向いて自分を高めようとしていると、パワースポットに訪れて心や思考をリセットした瞬間に、神さまからの応援が入り、誰かの助けや、何かのサインが降りてくることもあります。

そのためにも、日常の生活から、自分軸で生きて、心や思考の空白をつくっておく必要があるんですね。

神さまは、「前向きに生きている人」を応援する！

あなたが大切にしている人が、誰かから大切にされたらうれしいですよね。

神さまが大切にしている存在に、私たちも意識を向けていきましょう。

神さまは、人も、動物も、自然も、日本も、世界も、地球も、宇宙も……大切。ちょっとスケールが大きすぎました（笑）。

小さなことでも、一人ひとりが、今をよくしていきたいという、前向きなあたたかい想いを大切に生きていくことで、無限の可能性が広がっていきます。

社会の中で、「人が喜び、幸せになるものをつくっていく」ことは、特別な発明だけじゃないです。事務の仕事からも、現場の仕事からも、料理や美容の仕事からも、家庭の中からも生まれます。

私たちは、与えられた場所で、今を生かして前向きに貢献していくこと。神さまの分け御魂を生かして生きていくことが大切です。

日本の神さまは、八百万の神々と言われています。

神さまは、お社《やしろ》がなくても、自然や動植物にスッと降り立ち、地上界の近いところから、またグーンと遠い宇宙からも、暮らす人々やあらゆる生き物が、イキイキと成長していく姿を見守っています。

たくさんの神さまがいるので、神さまの性格や、得意とする分野がそれぞれ違います。その神さまの個性の力を、今を生きる私たちが現実に生かせると、神さまにとっても応援のしがいがあるんですね。

たとえば、神さまがより応援したくなる人はこんな感じです。

勝負の神さまは、負けても次に向かって前向きにチャレンジする人
繁栄の神さまは、たくさんの人の生活を豊かにする営みを大切にする人
縁結びの神さまは、さまざまな縁から魂を磨いていける人

安産子育ての神さまは、子を愛《いと》しみ、親子ともに成長していける人

私たちの世界が、よりよくなっていく、高め合っていくことは、社会が明るくなって、日本や世界、地球全体の波動も明るくなっていくことです。

神さまは、一人ひとりを見守りながら、自分の置かれているところを幸せにしていこう、この国をよくしようという想いを応援しています。

そして、神さまは自然界のパワーそのものでもあるため、自然を大切に感じている人は、神さまがつながりたい人でもありますね。

神さまは、こんなものも好き

神さまは、**軽やかな波動の香りがお好き**です。たとえば、菊の花の香りのように、上品な華やかさがある優しい香り。ほのかな甘さが、日本の神さまはお好きなようです。

国によっても、神さまの好みは違うようで、インドやバリの神さまは、強い香りのお花がお好きでした。

印象的だったのは、私がバリに行ったときのこと。寺院の境内にいましたら、ふわぁぁぁ〜っと甘い花の香りがどこからか降りてきました。キョロキョロと周辺を見ても、花はなく、「あっ、神さま……？」と意識を向けると、ほわぁぁ〜っと、今度は、口の中まで花の蜜のような甘さが広がって、花の香りが溢れてくる感じでした。

神さまの気は、風だけでなく、香りからも運ばれてくるんですね。

そういえば、神さまは自然霊（日本では龍神さま、稲荷さま、天狗さま）とも、草木や花などの精霊とも仲良しです。

共にいい関係と言いますか、草木の精霊は神さまのそばにいると、キラキラと生命力を高めていきます。草木の精霊にとっても神さまは大好きな存在です。

家に神棚がある方は、同じお花を部屋と神棚のそばに、飾ってみてください。神棚が良い気で満たされていると、普通の部屋に置くよりも、圧倒的に、花の寿命が長くなります。

また、神社仏閣にいる自然霊は、神さまのお使いとして、自然を浄化していたり、人々の願いを聞きいれたり、活発なパワーで世の中に働きかけています。


神さまは、**自然界の生命の光、それから自然界の美しい輝きもお好き**です。

たとえば、富士山の湧水地に育つ植物の生命力の光、太陽が水面にキラキラ乱反射する光、クリスタルのように透明感のある清らかな波動の光もお好きです。

私は、パワーストーンのアクセサリーをつくっていますが、神さまの光とつながると、その瞬間からキラッキラキラに輝いて、眩《まばゆ》いほどの光が広がります。

神さまは、たとえるならば、光や電気に似たような生命エネルギーがあり、**光り輝く美しいものがお好き**です。

パワースポットに行く際は、自然のものや、パワーストーン、輝くアクセサリーを身に着けて、気分を上げていくのもお勧めです。


神さまは清らかな波動を生む、**きれいな音色もお好き**です。

神社で巫女《みこ》さんが振る神楽鈴《かぐらすず》は、とても軽やかな波動で、神さまの気とダイレクトにつながり、美しい音色と一緒に、ご神気がサラサラと流れてきます。

また、風鈴のように、キラキラした余韻が生まれる音色もお好きです。風鈴は、邪気を祓う役目もありますが、神さまがお好きな音色でもあるんですね。

部屋の窓辺に、清らかな音のする風鈴を飾ると、風が入るたびに、神棚の神さまにも喜んでいただけます。

清らかな空間には、清らかな気が生まれてきます。神さまは**清らかな気がお好き**です。たとえば、神社に行くと、心がスッとするのは、神社が清浄な気を保ち続けているから。

神職さんなど神社を守る人たちの力により、場が清められているため、神さまのポジティブな新しいエネルギーが保たれています。

神さまの空間を人々が大切にお守りすることで、神さまに心地よくいていただけるので、参拝する私たちもその恩恵にあずかることができるんですね。

神さまは、「明るくて、無邪気で、前向きな人」がとっても好き！

日本の祭祀というと、夜から始まる厳《おごそ》かな雰囲気、神さまを奉り感謝をする、という敷居の高い感じもありますが、そういったシンとした祭り事でない限り、神さまがいらっしゃるパワースポットに訪れるときは、とにかく、**「楽しくポジティブな心で訪れる」のが一番♪**

「ワッショイ、ワッショイ」とお祭りの活気もそうですけど、人々が楽しむ明るい気は、神さまもお好きで、一緒に楽しんでいます。

神さまの気は、とても高く清らかで明るいエネルギーです。喜びや楽しみ、感謝の気持ちなど、私たちの波動が軽やかに上がっていくことで、神さまとつながりやすくなります。

ちなみに、ＡＭＡＴＥＲＡＳツアーでは、禊《みそぎ》と称して、沖縄の海に行くと、ドボンをします♪

みんなでドボンする人を「ワッショイ、ワッショイ」と担いで海に放り投げたり、一種のお祭り騒ぎです。

その間とっても明るいエネルギーがパーッと広がり、「あははははは〜」と大笑いして、楽しんだあとは、人の気もキラッキラになります（笑）。

笑顔のエネルギーは、邪気を吹っ飛ばして、生命力を高めるんですね。そして、そこに生まれる純粋清浄ピュアなエネルギーは、あらゆる空白を生んで、意識せずとも自然と神さまにつながります。**神さまは無邪気がとてもお好き**です。

波動が上がってくるといいことずくめで、今いる私もみんなも幸せでいられること、ただ存在する喜びがふわぁ〜っと広がり、胸の中を豊かにしてくれます。

神さまにも、それぞれ好きな「お供え物」がある

さて、私の家には神棚がありますが、他にも神さまコーナー（正確には、神さま部屋です。笑）に、国内海外問わず、たくさんの神さま仏さまをお祀りしています。

神さまに好かれるためには、「お供え物」も大事です。

神棚というと、お供えするのは、お米、お塩、お水、お酒ですが、私は和菓子や季節のフルーツを買ってくると、まず神さま方にお供えをします。

（忘れて食べちゃって、あ……っ！　ということもよくあります　笑）。

神さま方にも、それぞれお供え物に、好きなものがあるんですよ。お好きなものを供えると、パーンと波動が上がり、清らかな気が空間に広がります。

そして、神さまにお供えしたあとにいただくと、味が変わるんです。本当！　びっくりですけど、神さまにお供えするとおいしくなります。そして、ご神気入りです。なので、神さまにお供えしてから私はいただきます。

ともに、幸せな選択なのです（笑）。

いろいろとお供えしてみて、私の家の神棚の神さまは、桃、マスカット酢のソーダ割。お隣にいらっしゃる聖観音さまは、リンゴ、金平糖が最近のヒットです！　外の神さまにもお供えして感じたのは、昔懐かしい日本のお菓子、金平糖、黒糖、和三盆が、お好きな印象。何千年以上も、日本の人々と共に暮らし、見守っていますからね。

それぞれの家の神さまは、お好きなものが違いますので、「神さまがどんなお供え物がお好きかなぁ？」と意識を向けてお供えしてみてくださいね。

「清浄清潔な自分」に変身する方法

さて、神さまに好かれるためには、「清浄清潔な自分」に変身するのが一番♪

まず、なんといっても「体をゆるめる」ことです。

●首、肩甲骨、膝裏、足裏のストレッチで体の気の巡りをよくする

体の声は、意識をすると、ちゃんと届いてきます。日々の疲れが出やすい場所、というのは人それぞれ。体の使い方の癖や、もともと弱いところにネガティブな気が詰まりやすくなります。

現代の生活の中でほとんどの人が「詰まりやすい場所」というのは、こちらです。

◎首のリンパ：パソコンやスマホを使うため
◎肩甲骨：ストレスや心が開かないときは背中側にも出る
◎足裏や膝裏：コンクリートや人込みを歩いて吸い取った気がたまる

それから、なんでも**頭で考えすぎる人は頭が詰まりやすく、ストレスなど消化不良を起こす人は胃が詰まりやすい傾向**があります。

私の体は、どこが詰まりやすい？　と体に意識を向けて対話してみてください。

とにかく**滞っているところは、ゆるめて伸ばしてゆっくり動かす**ことです。

たとえば、足裏は全身のツボがあると言いますが、テニスボールを踏んで、コロコロとほぐしてみると、痛いところがよくわかります。

足裏の一つひとつに意識を向けてみると、痛いと息が止まったり、ギュッと力が入って固くなってしまうものなので、「あぁ、ゆるめよ〜ゆるめよ〜」と**息を大きく吐いて、吸ってを繰り返します**。

しばらくコロコロして、立ってみると、ちゃんと足裏がペタッと地面につきます。ものの5分でも違いがあるんです。

ちなみに、足裏にもエネルギーを吸って吐く口（チャクラ）があります。足裏の真ん中、土踏まずあたりです。ほぐしたあとに、その口から大地の良質な気を吸い上げるイメージで、**足裏で息を吸って吐いて**みてください。

これ、神社や波動がいいところ、清らかな川に足をつけているときにやると、気持ちがいいパワースポットの気が足裏からぐんぐん入ってきますよ。

それから、全力でやる**ラジオ体操**もお勧めです。大きい動きでやる、と決めて本気でやります（笑）。

山を登るときは、ストレッチをしますが、普通に神社やパワースポットに訪れるときも、**ストレッチ**はお勧め。

AMATERASツアーでも、心と体が固くなっている人が多いと感じるときは、先にストレッチをして、体をゆるめて、深い呼吸ができるようにします。ストレッチで先にほぐすと、良質な気が体に入ってきやすくなるんですね。

●夜の入浴は必須！　天然塩、お酒、精油、ご神水を入れて心身を浄化

神さまの分け御魂の入れもの、肉体は大切に扱いたいものです。

電車に乗って、会社に行って、人込みの中やコンクリートの上ばかり歩いて帰ってきたとき、自分の気でないものをたくさんくっつけていることがあります。

自分本来の気ではないものや疲れがたまってくると、心や体に支障が出てくるので、一日の最後はしっかり浄化しましょう。

シャワーで終わらせてしまう方もいると思いますが、浄化のためには、**湯舟に浸かる**ほうがお勧めです。私は、宮古島や久高島の神さまの光をつないだ**お塩**を入れて、**日本酒、精油を数滴**入れて湯舟に浸かります。香りは、蒸気に乗ってぼわぁ～っと広がり、癒し空間になりますので、その日にこれっ！　と感じる香りをセレクトします。

たとえば、柑橘系、フローラル系、ウッド系など気分によって変えるのがお勧めです。また、神社でいただいたばかりの**ご神水**があったら少し入れてもいいですね。「お風呂最高～♪」という時間にしていきましょう。

あったまっているうちに、足の指をくねくね引っ張ってもみほぐしたあとは、頭を空っぽにします。**頭が重たいときは、頭の上に盛塩**もいいですよ。

そして、息を深～く吸い込んで、吐いて～、あったかくて気持ちいい感覚をいっぱい味わいます。

「家族と住んでいて、誰かのあとに入ると、邪気をもらっちゃうのかな？」と相談されたことがあるのですが、大丈夫です。

もし気になるなら、あなたが入るときに、湯舟を好きな感じにアレンジしましょう。あなたの特別なお風呂にします。家族がお塩を入れたあとでも、自分にとって好きなお塩を入れたり、バスソルトを加えたり。あなたの「好き」を加えることで、自分に合うお湯のエネルギーに変わりますよ。

●「ありがとうと笑顔」をたくさん増やそう

とってもシンプルなことです（笑）。

今の自分を大切に扱って、身近なことをやわらかく素直に受け取ること。

「ありがとう」「おかげさまで」「だいじょうぶ？」「ごめんなさい」

このシンプルな言葉を、自分にも、人にも、存分に使います。

自分に伝えるというのもポイントです。自分を粗末にして、人にエネルギーを注ぎすぎていると、あるとき、自分の中が空っぽになってしまって、「なんでわかってくれないの？」「こんなにやっているのに」ってことになりがちなので、**「自分をご機嫌にすることは、みんなをハッピーにすること」**につながるのです。

シンプルだけど、難しいなぁと思った方は、とっても小さな目の前のことで「ありがとう」を見つけてください。お天気がよかったら、太陽に「ありがとう」もいいですよ♪

自分軸を整えて、空白を生み、素直な心、笑顔や感謝を表現することは、「心地よい日常に気づくこと」。身近な神さまに気づくことも増えていきます。

●部屋の掃除をして浄化する

部屋は、あなたを映す鏡のような存在です。

心やエネルギーがぐちゃぐちゃしていると、掃除ができなかったり、片づけられなかったり、そもそも気力が湧いてこないですよね。

ついつい、外に出て時間を過ごすほうに引っ張られていたら、神さまに好かれるた

めにも、開運のためにも、ちょっとがんばってみましょう♪

朝がダル重くても、とりあえず掃除機を持って動いてみます。人は動いていると、停止していた気の力が働いてきます。

とにかく**掃除は、楽しいを取り入れる**のが大事です。あなたのエネルギーやオーラを、部屋全体に行き渡らせるのが掃除でもあります。楽しいエネルギーで掃除すると、その後のあなたを支えてくれるのです。

まず窓を開けて、風を通します。好きな音楽をかけたり、好きな香りを用意して、歌いながらでもいいですね(笑)。この部屋の邪気を、ぜーんぶ外にバイバイします。ぐるぐる変なことを考えちゃうときは、「ありがとう、ありがとう、ありがとう～」と言い続けてみましょう。

そうやって、なんだかんだと掃除をして動いているうちに、あれ？　なんか体の調子よくなったかも……？　ということはよくあります。この感覚をつかめると、掃除は最初億劫《おっくう》でも、楽しめるものに変わってくるはずです。

部屋の掃除の仕方を、しなければならないことから、楽しんでやる、あなたのスペシャルな方法を編み出してみてください♪

【波動アップのワーク】「グランディング」で波動をきれいにしよう

神さまに好かれる、つながりやすくなるには、**あなたの波動を、きれいな状態にすることが大事**です。

意識が過去に引っぱられたり、未来への不安が生まれてきたり、考えや想いが堂々巡りなときは、心も体も心地よくないですよね。それは、今のあなたにピッタリな波動でないから。そして、意識が今にないと、神さまとつながるアンテナもピンッと立ちづらいので、重たい波動は早く手放し浄化して、軽やかにしていきましょう。

そのための、波動を安定させて、きれいにするワークをご紹介します。

《方法》

起きたときや、夜寝る前など、心と体がリラックスした状態でやります。

グランディングは、今の自分に意識を降ろし、地球のパワーを受け取るだけでなく、あなたの波動をきれいにして、心身を安定させることができます。

日常のストレスや疲れ、もやもや、他人のエネルギー、想念、土地の邪気なども、全部落として、地球の活力あるパワーを受け取り、エネルギーをパワフルにすることができますよ。

では、一緒にやってみましょう♪

地面（床）に座って、尾骨と両足裏、両手をしっかり地面につけます。

椅子に座っている場合は、椅子に尾骨をつけて、足裏を地面につけます。

そして、尾骨から、地球の核とつながる、「グランディングコード」が出てくるイメージをします。

「今日の私のグランディングコードの太さは？」とイメージすると、必要な太さのコードが尾骨からドン！　と生まれます。

そのコードは、どんな太さ、どんな色、どんな模様でも大丈夫。お花がいっぱいあるコード、水玉コード、虹色コード、なんでもＯＫ。龍神さまをお呼びすると、龍神さまがきてくれます。

次に、尾骨のところのグランディングコードを地球の核（中心）に向かって降ろしていきます。

そのとき龍神さまが、ビュウーーーーッと、コードを伝って、地球の核まですごい速さで導いていきます。

あ、ここが地球の核かな？　グランディングができている感覚を味わって、地球の核の感じをただただ味わいます。重厚とか強いとか熱いとかなんでもＯＫ。色は何色ですか？

さぁ、そこで、ぐるぐると、龍神さまが地球の核とコードをつないでくれました。尾骨も足裏も地面（床か椅子）にピッタリついていますね。コードをつないだ龍神さまは、地球に帰っていきます。

この状態で、頭から、首、肩、背中、胃のあたり、腰、膝裏、足元など、全身をスキャンしていきます。

重たいところ、固いところ、痛いところ、他の人の想念やエネルギーが入ってると感じるところ、そこに意識して、不要なエネルギーを、今度は尾骨のコードに向かって、尾骨から地球の核へ落としていきます。誰かの顔が思い浮かんだら、それも落としていきましょう。

色をつけたり、バラを滞っているところに入れて（イメージで）、エネルギーを移して落としてもOK。楽しくやるのがポイントです。背中側、肩甲骨なども意識して、不要なエネルギーは、グーッとコードに落としていきます。

ちょっと、トイレみたいですが、地球の核では、ポジティブなエネルギーに再生されるから心配ご無用。どんどん落としていきましょう。

一通り体のスキャンも終わって、ドッシリ意識が安定したと思ったら、今度は、地球の核からポジティブなエネルギーを、グイィィーッと吸い上げます。イメージは骨盤底筋のずっと下にスポンジがあって、その水を吸い上げるような感じ。グランディングコードはストローです。

思いっきり吸い上げましょう♪　ポジティブなエネルギーは体中をぐるぐるかけ巡ったあと、グランディングコードを通って、地球の核に戻ります。また新しいエネルギーを吸い上げて、繰り返していきます。

少しぽかぽかしてきましたか？

では最後に、地球の核とつながるコードを戻します。ご自身の尾骨あたりに手繰り寄せるイメージで、コードをしまいましょう。

全身や心がドシッと安定した、不要なエネルギーがなくなった心地よさが少しでも味わえたら、あなたの波動はアップしています。

最初は、うまくイメージができなくても大丈夫です♪

むしろ、うまくやろうと思わずに、楽しんでやってみてください（笑）。

私の場合は、グランディングコードをイメージすると、土管のように大きなサイズのときもあります。

「こうでなくちゃいけない」ということはないので、「あっ、今日は、こんなサイズなんだ～♪」と、ただ受け取ります。

私は、地球の核につながり地球の感じを味わっていると、体がぼわぁ～っとあったかくなってきます。

一緒にグランディングをやった友だちは、「あつい、あつい、あつい～」と言って、終わった後、熱さまシートを首にぺたぺた貼り付けていました（笑）。

本当に、人それぞれなので、とにかく楽しんでやってみましょう♪

変な言い方ですけど、波動ワークは、真面目にやらないで、子どもの遊びのような感覚でやってみると、案外、「あれ？　体楽になったかも？」という発見が生まれやすいです。

また、グランディングは、地球とつながり安定する、今に意識を降ろす、今を生きる、体にある不要なエネルギーを落とす、波動をきれいにするワークなので、心身が疲れているとき、心が不安定なとき、元気なとき、どんなときでも日常に取り入れていただけると、あなたに流れる波動も安定に変わっていきます。

神さまとしっかりとつながる体質になっていきますよ。

神さまに好かれる「朝のルーティン」

日常的にできる朝の簡単なパワーチャージ＆浄化方法をご紹介します。

・朝は、部屋に太陽の光を入れて、風を通そう

天気の良い日は、パーッとカーテンを開けて、太陽の光を部屋に入れます。風の通り道になる窓を開けると、サ〜ッと清らかな朝の風が入ってきます。10分以上は開けておきましょう。

また、その際に、お香やアロマをたくのもお勧めです。風に乗って、香りや煙が運ばれ、空間の浄化力が高まります。

・太陽の神さまに挨拶をしよう

天気がよい日は、まず、太陽の神さまに「おはよ〜」と挨拶をしましょう。

そして、スイーッと良質な太陽のポジティブパワーを、呼吸から取り込みます。

コップに飲み物を入れたら、まず太陽の神さまに「どうぞ〜」と差し出すのもお勧めです。

そのあとに、ご自身でいただくと、太陽の明るいパワーをチャージできますよ。

・鏡を見る時間を特別にしよう

鏡は神聖な存在です。鏡に向かって、メイクをしたり、髪型を整えるときに、ご自身の顔の感じをよく観察してみましょう。

鏡はエネルギーも映します。少しむくんでいたり、疲れている感じがしたら、前日のエネルギーが残っている証拠。グランディングをして、地球の生命力をチャージしましょう。

また、気分を上げてメイクをすると、鏡のエネルギーで、そのパワーがご自身の輝きをアップしてくれます。

・神棚の神さまに挨拶をしよう

神棚がない場合は、神社のお神札《ふだ》などがありましたら神さまコーナーをつくります。日々挨拶をしていると、その想いが神さまに届き、家にパワースポットが生まれます。

「今日もよろしくお願いします」と伝えて、家の神さまに守られている、というやわらかいイメージを持ちましょう。

【太陽のエネルギーワーク】

晴れている日の朝は、太陽のポジティブパワーを全身に取り込みましょう。

頭の上の万能のツボと言われる、百会《ひゃくえ》あたりから、あなたのアンテナがポンと立つイメージを持ちます。

そして、両手のひらを太陽に向けます（向きは手の甲が地面に向いていて、手のひらが天を仰ぐ感じです）。

手のひらの真ん中には、エネルギーの出入り口となる口（チャクラ）がありますので、イメージしてみてください。そして、あなたのアンテナのスイッチをオンにすると（イメージです）、パアァァアーッと太陽の光のエネルギーが頭上からも手のひらからも入ってきます。

太陽のパワーを、深い呼吸と一緒に、手のひらからも、吸って〜吐いて〜を繰り返して、チャージしていきましょう。

体がぽかぽかしてきたら、最後は両手を胸の前で合わせて、太陽のパワーを全身の隅々まで送り込みます。あなたのオーラまで、キラキラあたたかいイメージがしたら、チャージ完了です。

神さまに好かれる「夜のルーティン」

日常的にできる夜の簡単なパワーチャージ&浄化方法をご紹介します。

・靴はなるべく靴箱にしまおう

靴は何足も出しておかずに、サラッと、除菌シートで軽く拭いて靴箱にしまいましょう。

玄関には、浄化スプレー（AMATERASのサイトでも扱っています）を置いておくと便利です。外から帰ってきたときに、3プッシュすると、清らかな香りに浄化され、ホッと心が安らぎます。

・部屋に風を通そう

朝と同様、風の通り道になる窓を開けて、サ～ッと風を通します。5分以上は開けておきましょう。その際には、お香やアロマをたくのもお勧めです。風に乗って、香りや煙が運ばれ、あなたの浄化力が高まります。

・疲れを感じる日はすぐにお風呂に入ろう

どっぷり疲れて帰ってきた日は、ソファーでぐでっとする前に、お風呂に入りましょう。家にそのエネルギーを定着させないためのコツです。

お風呂を出る際に、サッとお掃除もすませておくと、エネルギーを翌日に持ち越さずにいられます。

最後に、天然塩をパッとまいて、水で全体を流すと、スッキリしますよ。

・神棚の神さまに挨拶をしよう

帰ってきたら、神棚や、神さまコーナーの神さまにも「今日もありがとうございました」と挨拶をして、報告があれば伝えましょう。

神さまと日常的にコミュニケーションをとるようにします。

・夕食は、季節の旬の食材を一つでも取り入れよう

旬の食材を食べることで、体に自然界のフレッシュな気を取り込むことができます。

お酢には代謝をよくするパワーがあるので、サラダなどにも使いましょう。お酒の中では、特に日本酒は浄化パワーがありますよ（量はほどほどに♪）。

・一か所、部屋の片づけをしよう

部屋をパッと見回して、気になる一か所を片づけましょう。気が向いたときは夜でも掃除をすると、空間が清らかに生まれ変わります。

人は寝ている間に、魂もパワーチャージをするので、寝ている部屋の気がとても大切。夜に部屋をきれいに浄化しておくと、朝の目覚めもよくなりますよ。

・一日の最後は、自分に「ありがとう」を伝えよう

眠る前は、自分にも、「一日がんばった〜！　ありがとう」を伝えてあげましょう。星空や月が出ているときは、ぼんやり眺めて深呼吸。静寂な癒しのパワーを吸収します。

寝る前に、スマホやパソコンを見ていると、情報のエネルギーが潜在意識に入りやすくなります。また受けた電磁波が、体に残り疲れが取れにくくなりますので、スマホは枕元から少し離れた場所に置きましょう。

【宇宙のエネルギーワーク】

晴れている日の夜は、宇宙の高次元&高波動パワーを全身に取り込みましょう。

星空と月を眺めたあと、夜空にぼんやり意識を向けます。

そして、頭の上の万能のツボと言われる百会あたりから、あなたのアンテナがポンと立つイメージを持ちます。

アンテナのスイッチをオンにすると（イメージです）、パアァァァーッと宇宙の高次元&高波動の光のエネルギーが、頭上からものすごい勢いで入ってきます。その光の色をイメージすると何色ですか？

崇高なパワーは、深い呼吸と一緒に、体内を通り抜けて、大地、地球に向かって降りていきます。

宇宙に意識を向けたまま、深い呼吸を繰り返しましょう。頭まわりの空気が軽やかにきれいになったと感じたら、チャージ完了です。

自宅をお気に入りの空間にする

●インテリアを「好き」の感覚で見直そう

今の部屋を、ぐる〜っと見回してください。カーテンやラグ、照明、家具、小物、家電、食器など、今視界に入ってくるものは、あなたの特別な好きがキラキラしている、お気に入りのものたちですか？

あれっ!?「そんなこともない……」という声が聞こえてきました!!（笑）

もし、ものを買うときに「なんとなく」で選んでいるものがほとんどでしたら、この際なので、**神さまにつながるためのもの選び**を始めてみませんか。

生活の場は、私たちの気が安らぐ充電スポットです。

生活する人のご機嫌度は、家（土地）と空間（部屋）の気、そして置いてあるもの

の気でかなり決まってきます。

部屋にあるものたちが「なんとなく」で選ばれたのか、「好き」で選ばれたのかでいったら、キラキラ幸せな感じがするのは、やっぱり「好き」で選ばれたものたちです。じつは、ものも一つひとつのエネルギーが生まれたときからあるんですよ。

「好き」で選ばれたものたちには、あなたの思い入れが入ります。

ふと、視界に入ったときに、「うん、いい〜♪」と小さなご機嫌が生まれるたびに、ものはあたたかいエネルギーをチャージしていくのです。

不思議なことに、あなたが疲れていると、今度は「もの」から、ホッコリ落ち着く癒しを届けてくれることもあります。

そのくらい、好きというパワーは偉大です！

好きに囲まれることは、あなたのポジティブなパワーが空間に広がっていくということ。あなたや生活する人を大切にする、心のゆとりが生まれてきます。

「好き」や「大切にしたい」想いで選ばれたものたちは、人のポジティブな感情を受け取り、日々の生活であなたと生活する人を応援してくれるのです。

●これからは、「心が弾むもの」でそろえよう

今まで、「好き」にこだわってこなかったという方は、あなたの好きという感覚の引き出しを一つひとつ開いて、丁寧に見つけ出すことからスタートしましょう。

「好き」という感情は、「かわいい～」「すてき～」など、心が弾む、キラキラするときめきが詰まっています。

神さまに好かれるため、神さまとつながるためには、気持ちが上がること、新しいエネルギーを回していくこと！　これが、とても大切です。

また、**好きなものを見つけることに慣れてくると、今必要でないものを買わなくなります。**　というのも、好きなものに対する選び方が慎重になって、買う前に、いろいろと想像できるんですね。

それと、好きなものを見ながら生活するので、毎日の心の電池が、少しずつチャージされてきます。心が満たされていると、部屋がストック大国になることもなく、お金を使うことも厳選されていくんです。ケチケチせずに、本当に必要なものにお金を使うことができるって、ほんと、いいことずくめです♪

●あなたの好きなものの見つけ方

好きの見つけ方は、家にいてただぼんやりしていても、見つかることはありません。**オシャレや今の旬を見つけるには、とにかく足を運んでよいものに触れること**です。いろいろ見ていくうちに、自分の好きもわかってきます。

「あっ、かわいい〜」「おしゃれ！」と思っても、購入はちょっと待って。たくさんのものを見てください。

「好き」を見つけることは、心と対話することでもあります。第1章でお話しした、さまざまな場所で「自分を大切にもてなすことに引っかかってしまうこと」にも気づくチャンスです。

たとえば、「高いものは自分に似合わない」とか、「高いものはもったいない」とか、もの選び中に、むくむく湧いてきたら、こんなことを思ってみてください。

「高すぎて買えないものを見るのも決して無駄じゃない」と。買わなくても、よいものを見る力がついて、高いものに見慣れると、自分の制限機能の「ダメ」がゆるんで、さまざまな許可が下りやすくなります。

最初は「好き」を一番にして、心が惹かれる感覚を大切に学びましょう。そのあとに、お財布と相談すればいいのです。

特に、家具は何十年も一緒に暮らす存在ですので、好きを妥協せずに、何十年も好きでいられそう♪　というくらい大好きかどうかで選びましょう。

器やコップは、食を通して毎日手に取るものです。コーヒーを飲むのも、マグカップを好きで選ぶと、毎回コーヒーを入れる前から、小さなホッコリが生まれて、おいしいコーヒーを飲むことができます。

目に映るものが「好き」で溢れると、日々の生活でいいことがあってもなくても、小さなご機嫌が生まれやすく、その感情がベースになっていくんです。

一つ、忘れちゃいけないのが、家族や夫婦、恋人や友だちなど、誰かと一緒に暮らしている方は、共同のスペースについては、共通の心地よさでもの選びをすること。それが仲良しのカギとなります。

その分、あなただけの空間は、あなたの好きでいっぱいにしていきましょう♪

●「丁寧な生活」を心がけると、神さまのつながりが増える

キッチン用品や食器、調味料など、手に取るものが「好き」や「使いやすい」でい

っぱいになると、キッチンに立つのがご機嫌になります。

器を大切にしていると、この料理がおいしそうに見えるのはどの器かな？　なんて、盛り付けの発想や楽しみも生まれてきます。

丁寧な生活をしていると、それぞれをよくしようという思考が働いて、直感力や感性が自然と磨かれていくんですね。


また、よいひらめきが浮かぶ場所も、家の中で増えていきます。

心地よい気持ちは、神さまに好かれやすく、応援してくださる神さまともつながりやすくなってきます。

家にいて、神さまとのつながりが増えていくのは、ある意味最強です♪

あなたのベースとなるお家空間が、神さまとのつながりを助けて、生活の中に、神さまからのヒントや、プレゼントが溢れてくるのです。


丁寧な生活というのは、今、目の前の普通の生活に、小さな幸せをいくつもつくっていくことです。

たとえば、部屋にある植物たちに水をあげて、「ありがとう～今日も元気だね」と、伝えておくと、その植物は「ありがとう」や「元気」の言霊《ことだま》の気を充電します。

好きで選ばれたものたちは、好きという明るい気を充電しているので、そのものを見たり、触れるたびに、幸福感を返してくれるんですね。

あなたが疲れて帰ってきても「ありがとう」や「元気」の気が充電された植物に目が向くと、ホッと安らぎが生まれ、家というリラックスできる、今に意識が切り替わりやすくなります。

私は、25歳からアメリカンの中型バイクに乗っているのですが、免許を取り終えていないうちに、「うわぁ！　かわいい！」と一目ぼれ。直感的に縁を感じて、私の元に来てもらいました。

今でも、まったく飽きることなく、そのバイクに乗り続けています。乗っているときの風を浴びる感じ、スピード感が車とも違って、私にとっては、気分を変えたり、自分を整え浄化する一つのツールにもなっています。このバイクは、私に新しい世界を与えてくれた存在です。

乗り物と言えば、私の父は、昔から車が好きで大切にしています。車を乗る前には、必ず儀式のように窓を拭いて、きれいにしてから運転します。

私が車を借りるときも、同様に車をピカピカにして貸してくれます。不思議ですが、父の車に乗ると、ものを大切にしているエネルギーがよく伝わってくるのです。車が生き物のように思えるほど、父や乗る人（家族）のことも守っています。

好きや大切にする想いを受け取ったものたちには、良質な守る力が働くんですね。そのおかげで、私は安心感を得ながら、車の運転をすることができています。

第3章

神さまとつながるための
パワースポットの選び方

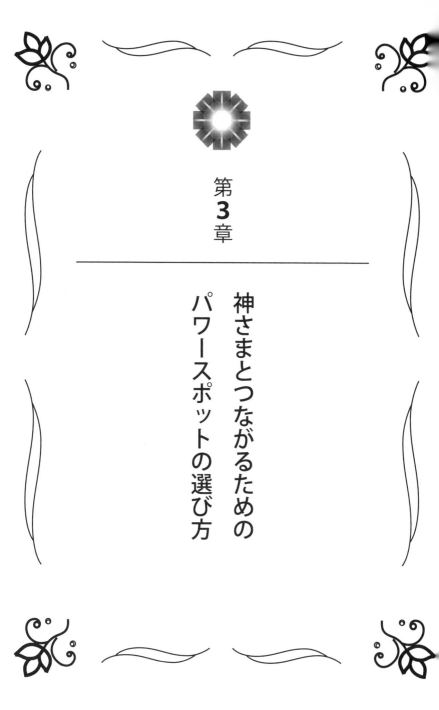

今の自分に最適なパワースポットをセレクトしよう

パワースポットと聞いて、今のあなたは、何を思い浮かべますか？どんな景色が見たいですか？

パワースポットで神さまとつながるためには、「場所のセレクトと巡る順番」にコツがあります。

第1章で、パワースポットに行く前の準備について少し触れましたが、なかなか難しいことも多い……ですよね（笑）。悩みが多くて、スッキリしない、毒素となるストレスや重たいものをたくさん持っている、と感じるときは、まず、そのエネルギーを吐き出すこと。浄化を目的としたパワースポットに行きましょう。

できれば**神社に行く前に、海や山、川や滝など、自然のパワースポットに訪れて、大地の良質な生命力に触れます。**フレッシュな空気を吸って、運動をして、笑って楽しんで、気持ちいいをたくさん取り入れましょう。

そこに生まれた清らかな空白で心を整理しながら、あなたの目的や目標に合った神社に訪れると、神さまとのつながりがグンと高まり、祈りが届きやすくなります。

おそらく、今のあなたが気になる、惹かれる場所は、精神や肉体のエネルギーに必要なパワースポットです。

今の自分を感じながら、最適なパワースポットをセレクトするために、たとえば、自分にこんな問いかけをしてみてください。

「私は、どこに行きたい？」

そのとき、頭に浮かんだ場所が、今のあなたに必要な場所です。

海：どっぷり疲れきっているときは、海の浄化パワーが一番♪　潮風を浴びながら、海に触れることで、心や思考の空白が生まれやすくなります。

湖：湖は、水鏡に映る景色を眺めながら、心を穏やかに導く癒しがあります。

山：山は、生命力アップにピッタリ！　森林の香りや尾根を渡る風など、五感を刺激する大地の良質なパワーが、体内をぐるぐる循環して生命力を高めていきます。

川：心や思考に滞っている想いや考えを、川の水の流れとともに洗い流します。

滝：滝は、ダイナミックな風と水しぶきを浴びながら、清らかな神さまとつながりやすい場所です。

巨岩・巨木：巨岩や巨木は、大地のつながり、神さまや精霊とのつながりを助けてくれます。

神社：神社は、神さまの前で、現在から未来に向けて「どうしていきたい」を伝えて、神さまの後押しを授かる場所です。

お寺：お寺は、仏さまの前で、現在から過去の自分を見つめ内観し、魂（心）の救済や癒しを授かる場所で、ご先祖さまのご供養もできます。

パワースポット巡りは、**自然界に宿る神さまに意識を向けて、その流れや光を丁寧に感じることが大切**です。

そして、**今の自分に最適なパワースポットに行くためには、自分を感じて、問いにピッタリな場所に訪れること。**

自然界の神さまともシンクロしやすくなり、そのとき必要なエネルギーを存分にチャージすることができますよ。

人の気にも「天型と地型」がある

さて、第1章では、パワースポットには、天型と地型の気があり、神さまの世界も、天つ神（天型）と国つ神（地型）があるとお話ししましたが、じつは**人の気にも「天型と地型」があります。**

天型の人は、独自の発想や感性で何かを創り出すのが得意な印象。軽やかな思考で感覚的なとらえ方をします。天然と言われる人に多いように感じます（笑）。

・天型の特徴

直感感覚的　自然体　個で動くのが得意　神社好き　人との違いが気にならない
嫌なこともすぐ忘れる　好きなことだけに興味がある　地球の生まれ変わりが少ない

地型の人は、人を巻き込み何かを創り出すのが得意な印象。地に足がついて現実を考え動ける人で、大黒柱や縁の下の力持ちのような人に多いかもしれません。

・地型の特徴

ロジカル現実的　常識的　人を動かす　人を支えるのが得意　お寺や神仏習合の神社好き　修験系の聖地が好き　気づくと難題に取り組んでいる　こだわりが多い　地球の生まれ変わりが多い

天型と地型、どちらも同じくらいある天地型の人もいます。

私の経験では、人間関係（特に仕事）は、天型と地型の人が一緒に組むと、得意分野が違うので、凸凹のバランスが整い、お互いを助け合えます。

新展開を望むなら、自分の型と違うパワースポットに行こう

人とパワースポットのバランスでは、地型の人が天型のパワースポットに行くと、現実的な考え方から、直感的なひらめきのサポートが入りやすくなります。

一方、天型の人が地型のパワースポットに行くと、ふわりとした直感やイメージを、現実世界に落とし込み動かしていくサポートが入りやすくなります。

自分と違うタイプのパワースポットに行くことで、エネルギーのバランスが整うので、新しい流れや展開が起こる可能性大！

また、天型の人が天型のパワースポットに、地型の人が地型のパワースポットに行くと、エネルギーの幅が広がり、個性や能力を伸ばしやすくなります。

そこで、お参りにも一工夫してみましょう。

ドシッとした気の地型のパワースポット（神さま）とつながるためには、丹田から足元にかけて、重力を下半身にかけるようにしっかり立ち、大地とつながるグランディングをイメージします。

ふんわりした気の天型のパワースポット（神さま）は、おでこや頭上に意識を向けて、天の崇高な気が頭の上から全身に降りてくるイメージをすると、神さまとつながりやすくなります。

神さまはたくさんおられるので例外はありますが、慣れてくると、その場の気に応じて、全自動で体が感じたまま気を吸収できるようになりますので、「どんな神さまの気かなぁ？」と、イメージを楽しんでください。

「シンクロニシティ」に注目する

パワースポット巡りをしていると、多くの方が「シンクロニシティ」を体験されます。

シンクロニシティとは、「**意味のある偶然の一致**」。目の前に起こることが偶然でなく、必然ととらえます。

たとえば、何度も同じ神社の分社や摂末社《せっまっしゃ》に出会う、行きたいと思っていた神社の話題を耳にする、人にお勧めされた神社をテレビでも目にする、などです。

私の経験でびっくりしたのは、AMATERASツアー中、お客さまたちと食事をしながら、「次はどこの神社に導いていただけるかな～」「そろそろ熊野とかいいね～」なんて話をしていた瞬間、後ろの席に、熊野と書かれた日除け笠をかぶった人が突然現れたこと！　みんなびっくり仰天、「熊野だぁぁー」と、次のツアー場所が決定したことがありました（笑）。

神さまに「いらっしゃい」と導いていただけるときは、パワーチャージはもちろんですが、神さまとつながる特別なタイミングや場所でもあります。

シンクロニシティは、そのときに必要なことが起こるので、考えて立ち止まっていると、タイミングもサラ～ッと流れてしまいます。

ですので、タイミングに合わせて行動を起こすことが大切。人生に大きな影響を与えたり、幸運を引き寄せる流れが生まれやすくなります。

自分の「吉方位」を調べてみよう

「どこかパワースポットに行きたい！」と思っても、ピンと来ないときは、**「方位のよい場所を選ぶ」**という方法があります。

吉方位は、あなたにとってのよい方角、方位に移動して、今のあなたによい運気を取り入れるというものです。

吉方位の神社に参拝する際は、**「お水とり」**と言って、吉方位のご神水をいただいて持ち帰るのもお勧めです。

簡易的なものでしたら、調べ方は簡単。ネットで、「吉方位」と検索すると出てきます。そして、九星気学を用いて、その年の月、日、時刻で、よい方角を見ます。

今は、大体吉方位について書いてあるサイトは、九星気学も載っているので、生年月日を入れて簡単に調べられます。もっと詳しく知りたいときは、専門家の方にお聞きするといいでしょう。

吉方位の方角は、今の自宅を中心にして、どの時期にどの方角がよいかを見るので、「あちこち方位」というアプリを入れるとわかりやすく便利です。

私は、パワースポット選びは吉方位よりも直感型ですが、引っ越しのときは吉方位を調べて、よい方角に移動しています。確かに吉方位の効果はすごい！　と感じています。吉方位は、いつでもあるわけではないので、**吉方位がある時期は、その方角に**

身近な散歩で出かけてみるのもいいですね。

ただ方位には、凶方位もあるので、あまり気にしすぎると、旅行先を決めるときに、自分を制限してしまうことがあるので、私は**「直感が一番♪」**と感じています。

たとえば、シンクロニシティが起こる場所、自分が行きたいと思った場所が、吉方位でないからやめよう、というのを繰り返してしまうと、直感的な感覚が育ちにくくなります。行動したときの経験からも、今の運気の流れをつかめるようになるので、何事もバランスを大切にしましょう。

季節の行事や日にちを意識して神さまとつながろう

日本には、季節に合わせたさまざまな行事があります。その行事には、ちゃんと意味があるので、意識して行うことで、神さまとのつながりやご利益《りやく》もアップしていきます。お勧めしたい季節の行事や習慣はこちらです。

・毎月1日と15日は月参り

近所の氏神さまや御縁のある神社に、毎月訪れていると、境内に咲く花や緑の移り変わり、風の違いを感じて、四季を体で感じることが日常的に増えていきます。五感を使い身近な気持ちいい感覚を定期的に取り入れるなら、１日と15日の月参りがお勧めです。

お参りのときは、「しなければならない」という感じでなく、お散歩気分で、「あ、今日は1日。氏神さまに行こうかな」と、月のスタートに軽やかな感じで出かけましょう。

毎月行っていると、遠方の神社のお参りよりも、もっと神さまに親しみを感じながら挨拶や報告ができます。

神さまともつながりやすくなり、神さまにしっかり顔を覚えていただけますよ。

また、定期的に清らかな気に触れることで、私たちの心が整うきっかけにもなり、波動がアップしていくよい習慣になります。もちろん、お仕事などで決まった日に行

けなくても大丈夫。定期的に行くのがポイントです♪

・1月1日元旦初詣

神社は、夜に訪れると鬱蒼《うっそう》と茂った木々に覆われ、少し近寄りがたい感じがしますが、お祭りの日やお神楽、初詣の参拝は別物です。

初詣は、夜中でもとてもポジティブな新年の気に包まれていて、その年の希望のような明るく上向きな気が満ちています。こういった日は、神さまとつながりやすくなります。

初詣だけでなく、初日の出のパワーも素晴らしいです。AMATERASツアーが年末年始に重なるときは、大イベントとして、初日の出を見に行きます。だいたい沖縄にいることが多いのですが、太陽がパーッと顔を出す瞬間を見られる年はそう多くありません。雲に覆われて見えないまま、空がだんだんピンク色になって、太陽出た？　あ、出たね、みたいな感じの年も多いです。

ですが、初日の出の太陽がパーッと顔を出した瞬間は、広大な陽の気が空間を飲み込むように広がっていきます。

この初日の出のパワーは本当にありがたいものです。昔の人々が太陽神を信仰して祈られてきた、特別な祈りのパワーも重なります。

ちなみに、歳神さまは、初日の出と一緒に現れると伝えられています。穀物（農耕）の神さまや、祖先神とも言われており、その年の幸福をお守りくださる神さまです。

・2月3日節分

私は、毎年節分の豆まきは欠かさず行っていて、一つこだわりがあります。節分の豆は、事前に神社でお受けしておくことです。節分には、様々な解釈がありますが、私は、**「鬼＝邪気・厄」**として、豆まきをしています。

「意識をする」というのがポイントで、ただ、「鬼は～外～福は～内～」と言うだけでは効果は薄いので、邪気・厄を追い出して、福を招こうという意識で本気で楽しんでやります。

玄関をドーンと開けて、全部の部屋の窓も開けます。人が通るとちょっと恥ずかしいので小さめの声になりますが、気持ちはおっきく、「鬼はー外ー」「福はー内ー」と、部屋中に風を通して、邪気を祓い、福を呼び込みます。人の意識と想いには力が宿りますので、みなさんもぜひ本気で楽しんでみてください（笑）。

そして、その日のうちに、「健康幸せありがとう」と、年の数の豆をいただきます。

さて、豆まきの翌日、2月4日。季節が変わる**「立春」が重要**です。暦の上では、春のスタート！　節が変わる日は大きなエネルギーが動き、運気の変わり目になります。

この日に神社に訪れて、神さまの気と、新しい春のエネルギーを取り入れ、自然界と自分の流れをシンクロさせます。

春の芽吹くエネルギーと共に、気持ちいいスタートを切りましょう。

・3月、7月、8月、9月は、お彼岸、お盆のお墓参り

地域でお盆の時期に違いはありますが、**お彼岸やお盆には、「お墓参り」に行くのがお勧めです。**

神さまとのつながりでとても大切なのは、**「ご先祖さま」**との関係です。日本人は、仏教が入ってくる以前から祖霊信仰があり、昔から祖先を大切にする想いが受け継がれています。

今の日本は、食べ物も住む場所も基本的には困ることなく、戦争もないですが、さまざまな時代をご先祖さまが生き抜いた証こそが、今生きている私たちの命です。今のあなたの命自体も奇跡のようなもので、とても尊い存在なんです。


そのご先祖さまとつながり合えるのが、お墓参りです。お墓は、仏壇よりもご先祖さまとダイレクトにつながります。お墓をきれいにして、お花や、お線香、お供え物を供えると、ご先祖さまはとても喜ばれて、子孫を守る力が強くなります。

ちなみに下川家のお墓参りは、母が握ったおにぎりをお供えしています。そのほか、フルーツ、おはぎなどの和菓子、お茶、お酒と、お供え物でとてもにぎわいます。

そして、「ご先祖さま食べてくださいね～」と伝えて、しばらくお供えしている間に、一人ひとり座って手を合わせます。

お墓参りは、手を合わせる人によって、出てこられるご先祖さまも代わるんですよ。だいたい縁深いご先祖さまが一番前に出てこられる感じです（私の場合は、おばあちゃんです）。

しばらくお供えしておいたら、「食べ終わりましたか？　そろそろ下げますすね」と言ってお供え物をすべて片づけて、「また来ますね～」と伝えて帰ります。

お墓参りは、私にとって家族や親戚、ご先祖さまと会えるいい機会。

もし、事情があってお墓に行けない場合は、宗派関係なく先祖供養をしてくださるお寺はたくさんありますので、訪れたお寺でご供養をお願いすることもできます。

また、お寺では、宗派により違いはありますが、ご先祖さまを想い、お線香とロウソクを灯して、般若心経やご真言を唱えると、仏さまの光がご先祖さまにも届きやすくなりますよ。

・6月30日、12月31日大祓

6月は夏越《なごし》の大祓《おおはらえ》、12月は年越の大祓があり、半年に一度、私たちの罪穢《つみけが》れを祓うことのできる貴重な行事です。

神社の境内にある茅の輪をくぐり、人形《ひとがた》に、心身の罪穢れを移して流します。

人形は、人の形をした紙に名前を書いて、体をさすって、息を3回吹きかけて、境内の川に流したり、神社にお納めします。

このときのポイントは、**体の重く感じるところ、気になるところを人形でさすって、そのあと、邪気など悪いものを息から出して、人形に移す意識でやること。**そうすると、本当に体から人形に移っていきます。

終わったあとは、私は体がふわふわ軽やかになって、スッキリ！

清らかな気に生まれ変わると神さまとつながりやすくなるので、半年に一度大祓で穢れを祓い清めましょう。

神さまのお祭り、仏さまの縁日に行こう

神社で行われるお祭りは、「**神さまを祀る、感謝をする**」という意味があります。

お祭りの意味やスタイルはさまざまですが、地域社会、人と人、神さまと人がつながるお祭りの日は、神さまのパワーが何倍にも大きく膨れ上がる特別な日です。

御神輿《おみこし》に乗った神さまは、地域を見てまわりながら、ポジティブな光を届けていき、

穢れを祓い清めていきます。

本当に、御神輿って、ギラギラ神々しい強い光が放たれているんですよ。神さまの光がとても元気なので、お祭りに参加すると、いつも以上に神さまとつながりやすくなります。


神仏と特別な御縁で結ばれる「縁日」に参拝するのもお勧めです。有名なのは、全国の稲荷さまの縁日で、2月の初午《はつうま》。十日えびすは、1月10日。

また、代表的な仏さまの毎月の縁日は、8日：薬師如来、15日：阿弥陀如来、18日：観音菩薩、24日：地蔵菩薩、28日：大日如来、不動明王、30日：釈迦如来、などです。

総本宮や総本社、一之宮に行こう

日本には八万の神社があると言われています。その中で**総本宮や総本社と呼ばれる神社は、全国にたくさんある分社の大元の神さま**です。特に、氏神さまや産土神さまは、あなたと特別な縁のある神さまですので、大元の神社に訪れてみましょう。

氏神さまや産土神さまの大元となる総本宮や総本社に参拝したら、ぜひ、**「ご神水」**をいただいてください。

第１章でも触れましたが、帰ってから、氏神さまや産土神さまにご神水をおつなぎ（お水つなぎ）すると、神さまはひと際喜ばれ、パーッと広大な光が膨れ上がっていきます。神さまとのつながりも高まるのでお勧めです。

一之宮とは、地域（国）の中で、最も社格が高いとされた神社のことで、由緒や歴史がある、その地域を代表する神社です。

一之宮は、その地域を開拓された神さま、土着の神さまを祀ることも多いので、旅行をされる際には、一之宮がどこなのかチェックしましょう。

ご挨拶すると、神さまネットワークがつながり、その旅によい導きが入りますよ。

日本のお寺は、たくさんの宗派がありますが、**総本山は、宗派の本山をまとめる最高位にあるお寺**のことで、一段と立派な社寺建築に出会えます。

ご自身と同じ宗派の総本山に行かれる際は、ご先祖さまにも光が届きやすいので、先祖供養をお願いしましょう。

第4章

パワースポットに行く直前&帰宅時の開運行動ルーティン

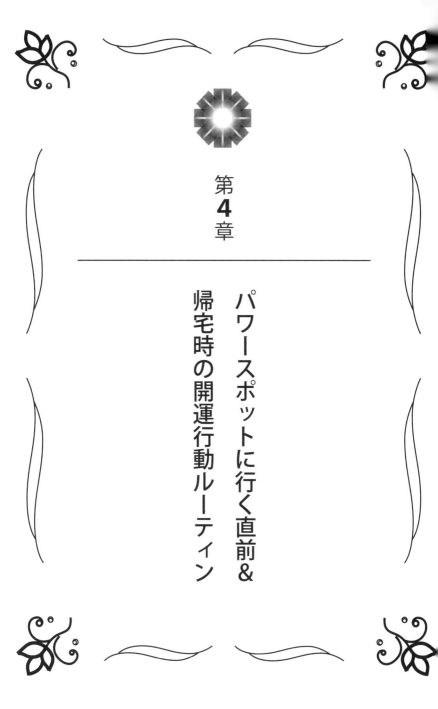

パワースポットの開運効果は、「事前準備と帰宅時の行動」が大切

じつは、**開運に必要なあなたのエネルギー調整は、「パワースポットに行こう！」と決めたときから始まっています。**行く場所の情報を調べたり、旅の準備をしているときから、意識やエネルギーは、パワースポットとつながっています。

敏感な人は、体調の変化を感じるかもしれません。行く前に、体が重たく不調な感じがしたら、「日常でためていた気を、事前にある程度浄化しましょう〜」というお知らせと思ってください。

そのままの状態でパワースポットに行くと、ご自身の気がリリースされるまでは、旅の流れがスムーズにいかないこともあるので、開運効果の高い旅になるように、事前に自分を整えていきましょう。

ちなみに、パワースポットの開運効果は、新しい仕事が決まった、昇格した、収入が上がった、恋人ができたなど、現実の大きな変化だけではありません。

同じことが起きてもポジティブなとらえ方に変わっていったり、人との出会いがよいものに変わっていくことも開運です。

特別いい出来事があったわけではないけれど、とても心地よく日常を過ごせている、いい流れを感じるということが、じつは一番の開運だったりします。

自分の波動が上がっていくと、開運の流れに合う人と出会うようになります。自分が変わると、まわりも自然に変わってくるので、まるで人と人は磁石のようです。

というわけで、この**開運効果をより長く持続していただくために、お勧めしたい事前準備と帰宅後の行動**があります。

パワースポットに行く前に、ご自身を整える準備をしていくと、神さまへの意識も高まるので、神さまともつながりやすくなります。

やるかやらないかで、本当に変わってくるので、ぜひお試しください♪

《パワースポットに行く事前準備》

●「氏神さま」にお参りして、どこのパワースポットに行くのかお伝えする

パワースポットに行くときは、**まず神さまにアポイントを取ります。**神棚の神さまや氏神さまに「何日～何日、○○県の△△神社に行きます」と行き先がわかっている場所だけでも伝えると、神さまネットワークで、ドピューン！ 遠方の神さまに事前にアポイントを取っていただけます。事前予約、みたいなものですね（笑）。

神棚の神さまはパワースポットに出かける前、氏神さまは行けるタイミングでＯＫ。

第1章でもお伝えしましたが、氏神さまは外の神さまとのつながりを高めてくださる存在です。天候、道中の交通安全、良きお参りになるようにお願いしましょう。

事前に氏神さまにお参りすると、ある程度エネルギーを整えてくださるので、遠方のパワースポットに訪れた際、ゼロもしくはプラスからのスタートになりやすく、早い段階で、神さまとのつながりが持てるようになります。

●家の掃除、浄化をして整える

私たちの気は、意識、感情、考え、触れ合った人、訪れた土地や場所などのいろいろな影響を受けています。

その日常の気を整えたり、運気を貯蓄する場所が家です。

パワースポットで、ポジティブな気をチャージできると、心も体も軽やかなのでご機嫌になります。

ですが、第1章でお話しした通り、人は戻るスピードのほうが早いです。**チャージしたパワーを持続的な開運につなげるには、日常いる空間をよいものに整えておく、家の掃除と浄化がキー**となります。

掃除をして整えるのは家でも、家はあなたと同期するので、掃除中はあなたのエネルギーを整えているのと同じこと。

家を整えてから行くと、バージョンアップして帰ってきたときに、パワースポットの気がしっかり貯蓄できるんです。

逆に、日常と何も変わらない状態でパワースポットに行くと、帰ってきた瞬間のホッとした感情と、あなたの慣れ親しんだエネルギーで、すぐ、あっという間に元に戻ってしまうんですね……（泣）。

仕事やアルバイトの面接に行くとき、大切な人に会うときに、身なりを整えてから出かけるのと同じようなもので、**「身なりを整えていく＝気持ちを整える」**といった、神さまとつながるモードに切り替える意味でも、事前に家を整えていきましょう。

●神さまへの「お供え物」を準備する

神社に行くと、拝殿の前によくお酒が置かれていますね。稲荷さまなら油揚げ、龍神さまならお酒、白蛇さまなら卵など、神さまが特別お好きなものをお供えするのもお勧めです。

日々の感謝の気持ちを込めて、**神さまに喜んでいただけるお供え物を準備**しましょう。

私は、AMATERASツアーのときも、個人でパワースポットに行くときもお供え物を用意していきます。お供えするための器（お下げしたときに入れる袋もあると便利）、お米、お塩、お酒、甘いお菓子、そして全国の代表的な神社や聖地のご神水です。特に、宮古諸島の聖地のお水は、神社の神さまも大いに喜ばれます。

伊勢神宮、出雲大社、宇佐神宮など、日本を代表する神社のご神水は、その分社に参拝する際は必ず持っていきます。

大元の神社のご神水をおつなぎすると、神さまは元気ハツラツ！　ご神気がドーンと大きく降り立ちます。ご神水を通して、神さま同士の情報がつながり、チャージ！　その場所にいる人たちにも、神さまの気が届いていきます。

●「お賽銭」を用意する

神社仏閣の参拝は、お賽銭《さいせん》を入れます。

佐渡島の無人の神社では、PayPayで納められることにびっくりしましたが、今のところお賽銭は現金の聖地が多いので、事前に小銭を用意しておくと便利です。

「お賽銭はいくらがいいですか？」と聞かれたことがありますが、基本的にそこまで気にする必要はないと思います。

それよりも神前では、見栄もケチも、そのエネルギーが鏡のように返ってくるので、**「いつもありがとうございます〜」と気持ちよくお賽銭を納めるのがお勧め**です。

私は、だいたいご本殿は100〜500円が多く、さまざまな摂末社にお参りするので、とにかく小銭をたくさん用意します。

そういえば、びっくりしたのが、お札《さつ》を納めたときのこと。その瞬間ふわぁ～っととても清らかなご神気が舞いました。私の想いのエネルギーが大きかったこともあると思いますが、何やら金額の違いというのもあるようです（笑）。

そういえば、AMATERASツアーのお客さまの中には、お賽銭専用のお財布を持ち歩いている人がいます。中にはピカピカの新しい100円玉がたくさん入っていて、「神さまだからね～」とにっこりうれしそうに話していました。

そういった特別な気持ちというのも、神さまに届きやすくなりますね。

●「御朱印帳」を持参する

御朱印帳は、神社仏閣に写経をして、経典を納めた際にいただいたものが起源とされています。今は、神社仏閣に参拝した証となるもので、御朱印は、一体、二体と神さまと同じように数えますので、保管場所も、神棚のそば、もしくは神さまに心地よくいていただける場所を選びましょう。

また、たまった御朱印帳は、大切な方が亡くなられたときに、棺の中に納めると、神さまや仏さまが、その方を導いてくださると言われています。

棺に納める際は、パラパラパラと開いて、「神さま、仏さま、〇〇さんを導いてください。よろしくお願いします」と伝えると、パーッと光が舞うように、ご神仏が働きかけてくださいます。

私は、お盆やお彼岸、自宅で先祖供養をするときにも御朱印帳を使います。祖霊信仰のある出羽三山の御朱印を開き、神さまとご先祖さまにお供えをして、ご供養をしています。御朱印帳は、本当に神さまとつながる、ありがたいものです。

他にも、ホテルの部屋の気が重たく感じるときも御朱印帳を出します。「この部屋を神さま祓い清めてください」と伝え、御朱印をパッと開き、そこに書かれている神さまに「よろしくお願いします」と伝えて、開いておくと部屋の気を整えてくださいます。その際は、しばらく窓を開けておくのがポイントです。

●「空のペットボトル」を準備する

神社の参拝は、ご神水をいただいて帰ることも多いので、空のペットボトルを用意しておくと便利です。

ただ、神社でペットボトルもお受けできる際は、そのペットボトルに入れて、神棚の神さまや氏神さまに供えるほうがエネルギー的にはお勧めです。

●「古いお守り、おみくじ、お札」など返納するものをチェックする

お財布の中に古いお守り、おみくじが入ったままになっていませんか？

お神札（お札）も同じですが、基本的に、1年たっていたら、神社のものは神社に、お寺のものはお寺に返納しましょう。神社のものは古神札納所《こしんさつおさめじょ》へ、お寺のものは同じ宗派のお寺の納札所《のうさつじょ》に納めます。事前に確認しておくと、返納を忘れないですよ。

●特別な方法で「お風呂」で浄化する（いつものにプラス）

第2章でも入浴での浄化方法をお伝えしましたが、ここではスペシャルな方法をご紹介します。

湯舟には、サンダルウッド、フランキンセンス、爽やかなセージか華やかなロータスと、幅広い浄化と癒しのパワーを持つ精油をブレンド、沖縄県久高島の神さまのお塩（ふがにまぁす）、もしくは、神社でお受けする清めのお塩、たーっぷりの日本酒

を入れて、そこに少量のお酢を入れます。お酢は入れすぎると匂いが出ますが、少量なら大丈夫。代謝がよくなるので浄化パワーが高まります。邪気も出やすくなるのでゆっくり入浴しましょう。

●ストレッチをして体をゆるめる

体をゆるめて、詰まりや滞りを減らしておくと、パワースポットのポジティブな気の巡りがよくなります。

お風呂から出たら、体があったまっているうちにストレッチをしましょう。大変なことをする必要はないので、首や肩まわりをゆるめて、肩甲骨を動かし、足裏をテニスボールでコロコロして体の軸を整えます。

朝早くから出かけるときは、夜ストレッチをしておくと、寝つきがよくなるので、寝不足解消にも役立ちますよ。

●夜寝る前に月や星を眺めリラックスしよう

夜寝る前の心身のエネルギーは、翌朝の調子に影響します。

パワースポットに行く前夜は、星や月を眺めてリラックスした時間を過ごしましょう。第2章でお伝えした宇宙のエネルギーワークをやるとかなり効果的で、翌朝の目覚めがよくなりますよ。

●出かける朝は丁寧に過ごそう

前日に準備を整えておいて、朝の時間を贅沢に使いましょう。

体の気のリリースやチャージにもエネルギーを使うので、朝ご飯はしっかり食べて行くのがお勧めです。

朝のコーヒーはグランディングを助けてくれます。気分に合わせたハーブティや緑茶など、できればあたたかいものを飲みましょう。

晴れていれば、太陽の神さまに挨拶をして、太陽のパワーを全身にチャージします。

●神棚に、どこのパワースポットに行くのかお伝えする

家を出る前に、神棚に挨拶をします。

「今日から〇日まで、△△県に行ってきます」という具合に、訪れるパワースポット

が決まっていたら、その場所もお伝えしましょう。

道中の交通安全などをお願いしたら、いざっ！　出発です。

《パワースポットからの帰り道＆その後の行動》

●ゆっくり過ごすには、帰り道は繁華街に行かない

パワースポット帰りは、心と体に清らかな空白と、ポジティブな気がたくさん入った状態ですから、繁華街のゴチャゴチャした人の気に触れずに、まっすぐ帰るというのもお勧めです。

もしくは、空白が生まれた素直な心で、パワースポットへ訪れた人と楽しい時間を過ごしましょう。

AMATERASツアーのときも、「直会《なおらい》」と称して、パワースポット巡りのあとは、一緒にお食事をして（お酒を飲んで）話します。

お参りによって気（エネルギー）が合っていると、心と体が解放されて、ポジティブな気が満ちているので、本当に笑いが絶えない楽しい時間になります（笑）。

また、ときには深い話になったり、魂と触れ合い、一緒に学べるいい時間にもなります。

●帰り道はお花を買おう

パワースポット帰りは、より直感が働きやすいので、今のあなたの気にぴったり合うお花を買って帰るのもいいでしょう。

お花選びは、まずパーッとお花を見回して、「かわいい」「気になる」というお花を見つけたら、手に取ってみます。そして、「うちに来る？」「来ない？」を感じてみます。

「えっ、わからない！」と思っても、大丈夫。神さまとつながる訓練と思ってください。同じ種類のお花でも一輪一輪個性があるので、どの子がいいかな？　と感覚を味わってみましょう。

そうやって、**今のあなたに合う愛情を持って選んだお花を飾ると、パワースポット帰りのよい波動が持続しやすくなります。**

あなたと部屋の気は同期するので、あなたの気がポジティブな状態だと、花もルンルン元気で長持ちします。逆に疲れているときは、そのお疲れの気を吸って早く枯れやすくなります。

お花や植物は、あなたの気（部屋の気）の状態を教えてくれるバロメーターです。

●神さまからのメッセージを受け取る意識を持とう

パワースポットから帰ったあとは、神さまとつながるアンテナがより敏感なので、意識をすると、神さまからのメッセージを受け取りやすくなります。

神さまにお聞きしたいことがあれば、声に出して聞いてみましょう。

その答えは、少し時差があると思いますが、たとえば、**人が話す言葉、目にした文字からのヒント、ふとひらめきがあったり、夢の中、眠る直前、目覚めた瞬間に感じたこと、画像、文字、音（声）などのお知らせ**があったりします。

思考に空白がある瞬間に、神さまからの回答が降り立つことがほとんどです。

神さまにお聞きした内容を考えたり、深く想像したりしていると、空白がなくなってしまうので、**「あくまでも神さまにお聞きしたらお任せする」**という感じで日常を過ごしましょう。

変な言い方ですが、ちょっと忘れている、ぽーっとしているときに、私は神さまからの回答やヒントが降りやすくなります。

●帰ったら部屋をチェック。掃除&片づけ&浄化をする

まずは、**家に入った瞬間が大切**です。

清らかなエネルギーで帰ってきたときは、家の気を、感覚（エネルギー）的に見ることができるので、部屋をパーッと見回してみましょう。

たとえば、掃除をしてから家を出たのに、「あれ、あそこ気になるな」という場所がもしあれば、そこは邪気がたまっていたり、片づけることで運気が変わる場所かもしれません。

よいエネルギーのうちに、気になる場所は掃除をして片づけておきましょう。

ご自身が清らかな気に包まれているときに部屋を掃除すると、部屋にもその清らかな気が行き届いていきます。

明日のあなたを部屋が助けてくれるようになるのです。

●おいしいものを食べてゆっくり過ごそう

パワースポットから帰ったら、おいしいものを食べて、しっかり休養しましょう。エネルギーの循環が高まるので、運動したときと同じように、お水をたくさんとって、体中をきれいに流します。

心身にポジティブな神さまの気が浸透していく、消化していくときは急激に眠くなります。気の強いパワースポットに行った後は、特に眠くなるので、睡眠をしっかりとりましょう。寝ている間にエネルギー調整が行われます。

また、人によって翌日は、たくさん運動をしたあとのような、気だるさが生まれることもありますが、１日～２日たてば調子はグンとよくなりますよ。

●「ご神水」の使い方

神社でいただいたご神水は、まず神棚にお供えして、「神さま、無事帰ってきました。ありがとうございました。○○神社のご神水です。神さま同士つながりください」と挨拶します。

ご神水は、保管する場所によっても気が変わってきてしまうので、フレッシュなエネルギーのうちに使いましょう。

まず、**帰ったその日に、お風呂の湯舟に入れて浸かります。**

掃除をする際は、**フロア用掃除道具などにご神水を含み、空間の拭き掃除**をすると、部屋が清らかに浄化されていきます。

玄関やベランダ、水回りにまくのもお勧め。また、**植木にご神水をあげる**と植物もイキイキ喜びます（海水はやめてね、笑）。

早めに氏神さまにも足を運び、お水つなぎしてお礼を伝えると、氏神さまもとても喜ばれますよ。

●パワーチャージ満タンなうちに、新たなチャレンジをしよう！

開運のためには、これが一番大切なこと。

「人間関係をよくしたい」と、パワースポットに訪れていたら、帰ってきて心の余裕と清らかな空白があるうちに、いつもと違う新しい行動をしてみましょう。

ポジティブな気があると、声にハリが生まれるので、「おはようございます！」と、にこやかに挨拶をする、というチャレンジもいいですね。

新しい流れが欲しい、恋人が欲しいと願うなら、街に出かけて、今まで買ったことのない新しいファッションスタイルにチャレンジしたり、習い事を始めてみるのもいいですね。

いつも通りの生活から、ほんの少し変化を取り入れた新たな生活をしてみましょう。

第5章

パワースポットでの開運行動ルーティン

パワースポット巡りは、旅のすべてがパワーチャージ！

パワースポット巡りの中で、神社には神社の作法、お寺にはお寺の作法がありますが、大自然のパワースポットの作法はなんでしょう？（笑）

パワースポットでの開運行動として、神社もお寺も大自然も、それぞれ共通して言えるのは、**「その瞬間感じたことを、受け止めて、行動すること」**です。

神社は、ご本殿や摂末社だけではなく、空気が清らかに変わる場所、池や巨木にも精霊や神さまがいます。

私たちは、たくさんの自然界の神さまに触れ合いながら、本殿に導かれていくのです。

普段、味わえない空気の清らかさ、風や光の気持ちよさを感じながら、神さまに意識が向いている間、「神さまアンテナ」はきれいに磨かれていっています。

気持ちいいところは、何分立ち止まってもいいです。

気がすむまで、ずっとそこにいたっていいです。

それが、リリースとパワーチャージのために、とても大切なことで、**気になった場所こそが、あなたの特別なパワースポット**です。

そして、そこで得られた小さな一つひとつの感動をじっくり受け取ることで、旅のすべてがパワーチャージになっていきます。

あなたの感覚や想像の扉を開いて、パワースポットを楽しんでください♪

私たちが意識を向けると、神さまからのサインも受け取りやすくなりますよ。

そのためにも、パワースポット巡りの際にお勧めしたい、**「パワースポットでの開運行動ルーティン」**がありますので、ご紹介しますね。

パワースポット全般の開運行動ルーティン

開運行動ルーティン❶ 早朝の良質な「空気」をいただこう

朝は、自然界の澄んだ清々しい空気、良質な気がパワースポット全体に満ち溢れています。太陽がサンサンと元気な時間帯は、より活発な明るいパワーが広がり、逆に、夕方は落ち着いたゆるやかなパワーに変わります。

また、人が多く訪れる神社仏閣などには、早朝に訪れるのがお勧め！

伊勢神宮は、朝6時半ごろですと、神さまが目覚めたような、シンとした神聖な気が流れており、昼間とはまた違う魅力が見えてきます。

開運行動ルーティン❷ ストレッチやジャンプをして気の巡りをアップ

パワースポットでは、ストレッチやジャンプなどをして、体の気の巡りをよくしていきましょう。ジャンプは、足元の重たい気や、お腹の中にたまっている邪気ガスを出しやすくなります。

開運行動ルーティン❸ 足裏と手のひらから良質な「気」を取り込む

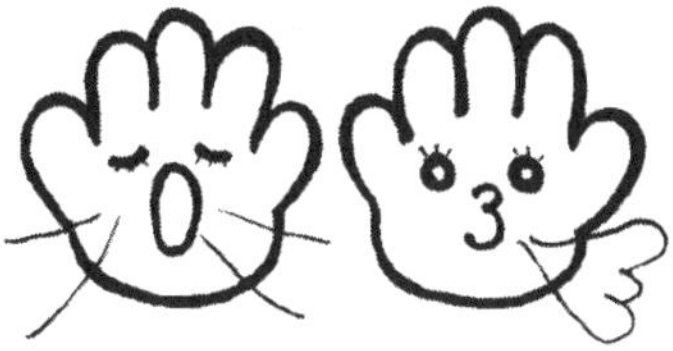

腹式呼吸で、思いっきり自然界の神さまの気を吸収します。

足裏と手のひらにある、エネルギーの出入り口（チャクラ）を開きます（イメージ）。深い呼吸をしながら、大地の気を足裏から吸って手のひらから吐いていきます。また、天の気を手のひらから吸って、足裏から吐いてを繰り返します。

清らかなパワーを吸収するイメージを持って、全身で呼吸してみましょう。

開運行動ルーティン❹「水分」をたくさんとる

パワースポット巡りは、水分をたくさんとって、体内の水分もきれいに洗い流していきます。ペットボトルで水を購入する際は、その土地のものがあれば最適です。口にできるご神水や、湧き水があれば、土地や神さまともつながりやすくなるので、たくさんいただきましょう。

開運行動ルーティン❺トイレは我慢しない。浄化の一つ

これ、とても大切です。AMATERASツアーでも、みなさん「トイレ問題」というくらい浄化が始まるとトイレが近くなります。

どんどん出して、清らかな気に生まれ変わりましょう。咳、ゲップ、おならなども浄化の一つですよ（笑）。

開運行動ルーティン❻「言霊」を大切にする

言葉には言霊というエネルギーが宿るので、特に神社仏閣にいる際は、愚痴や噂話、人をおとしめるような言葉は避けましょう。話したとき一番聞いているのは自分の耳であり、言霊は神さま仏さまにも、もちろん伝わっていきます。

たとえば、嫌な想いが積もり、縁切りの神社に訪れるときは、相手が不幸になるように願うのではなく、「私は、今の苦しみから脱出したいです。前を向いていきたいので、どうかご加護をよろしくお願いします」というように、相手を恨むことはやめて、「自分はどうしたいのか」に意識を向けて神さまにお話ししましょう。

開運行動ルーティン❼「天候」に意識を向ける

神さまとつながると、パワースポット巡り中の天気（自然界）と、あなたの気も連動することが増えてきます。

太陽は、明るく前向きなポジティブパワー&神さまの歓迎のサイン。

雨は、全身の浄化パワー&水神さまの歓迎のサイン。

風は、想念の祓い清めパワー&神さま登場のサイン。

虹は、神さまの喜び&祝福のサイン。

パワースポットにいるときの天気の変化は、神さまのサインかも？　と意識してみてください♪

開運行動ルーティン❽「季節の香りや彩り」を味わおう

パワースポットは、いつ訪れても四季折々美しい自然の彩りがあります。そこにいる植物たちも、パワースポットをつくる住人のようなもの。

花や草木の香り、色彩などを、魂で味わってみましょう。

「きれい」と気になった花は、その前に立って、花に意識を合わせたまま、花の息吹に寄り添うように、そっと静かに呼吸をしてみます。

花の精霊と波動が合うと、自然界の癒しの気がスーッと届いてきますよ。

開運行動ルーティン❾「ひらめき」をメモする

パワースポット巡り中、「あっ！　そっか！」という、突然降ってきた目が覚めるようなひらめきは、神さまからのメッセージです。

忘れないようにメモを取り、戻ってから読み返してみましょう。

開運を引き寄せる力にもなります。

開運行動ルーティン❿「ありがとう」を伝えよう

パワースポットは、どんな人にも無条件にポジティブなパワーを届けてくれます。

魂の充電が満タンになると、今を生きていることへのありがたみが、泉のように湧いてくることがあります。とても高く清らかな波動に、あなた自身が生まれ変わっているときです。

自然界、神さま、仏さま、ご先祖さま、今そばにいてくれる人たち、家族……、思い浮かぶだけ感謝を伝えてみましょう。

開運行動ルーティン⓫ お供え物やお水つなぎをする

パワースポットは、「神さまに喜んでいただくことをする」というのもポイントです。お供え物やお水つなぎは、御縁をいただいた神さまへの感謝の気持ちです。

拝殿にお供え物を置いておくスペースがあれば別ですが、基本的にはお供えしたら持ち帰るようにします。神さまはきれい好きなので、聖地を汚さないようにしましょう。

開運行動ルーティン⓬ タイムスケジュールはゆるゆると

開運のためのパワースポット巡りは、何か所巡るかという「数」よりも、十分に味わう「質」を大切にします。

予定には、ある程度空白をつくっておきましょう。次々行く場所を決めておくと、後のスケジュールが気になりますが、「行けたら行こう」くらいで空白をつくっておくと、その場の出会いを楽しめたり、「あそこいいですよ～」と人に勧められたら、予定になくても「行く？　どうする？」と、偶然の巡り合わせを拾えるので、「神さまの計らい」を感じたり、直感力を高めていくこともできます。

「ある程度行きたい場所を調べておいて、あとはその場の流れに任せる」というのが開運のパワースポット巡りには最適です。

開運行動ルーティン⓭「ＳＮＳ」はお休みする

誰かの情報を取り入れるよりも、日常から離れて、今の自分にエネルギーを注ぐことを意識します。

ＳＮＳにつながっている間は、あなたのアンテナも留守になりがち。気になる情報は、パワースポットを出てからでも逃げないので、そのときの自分のアンテナをピンと立てて、「今ここにいます！」と神さまに意識を向けましょう。

開運行動ルーティン⑭ パワー溢れる写真を撮るなら、お参りのあとに

同じパワースポットでも、撮影する人によって、写真の波動は変わります。

よい波動の写真を撮りたいと思ったら、神さまに挨拶をしてから撮影するのがお勧め。心身が清まってからのほうが、写真の波動も明るくなります。

また、撮影の際は神さまに「撮らせていただきますね」という気持ちも大切にしましょう。

開運行動ルーティン⑮ 「土地の食材」をいただく

パワースポットに訪れたら、山なら山の幸、海なら海の幸、地元のとれたての野菜を使ったお料理をいただき、土地のパワーとつながりましょう。

開運行動ルーティン⑯「温泉」に入る

温泉に入ると、地球から湧き上がる大地のパワーを、魂の奥深くまでチャージできます。できれば源泉かけ流しの温泉がお勧めです。

開運行動ルーティン⑰ 体の感覚の違いを味わう

パワースポット帰りは、自分の感覚の変化をよく観察してみます。

頭や首、肩まわり、足の感覚は、軽やかに生まれ変わり、ネガティブにぐるぐるリプレイされていた思考や心は、スッと消えてなくなっていると思います。

あなたの心地よい感覚を、しっかり記憶して大切にしていきましょう。

パワースポットでの「開運参拝方法」を学ぼう

神社、お寺などは、それぞれにある作法がベースとなりますが、開運のためのポイント、開運行動がありますので、ご紹介します♪

「神社」での開運行動

・祀られるご祭神を調べる

日本の神さまは、人間と同じように、性格に個性や得意分野があるため、神さまによって、それぞれご神徳、ご利益が存在しています。

神社に参拝する際は、どのような神さまが祀られているのかを調べてみましょう。

神さまは、さまざまな願いを聞き入れてくださると思いますが、神さまの個性や得意分野に合う願いを伝えるほうが、あなたの開運のためにもお勧めです。

・鳥居は結界。神聖な気を取り込む

鳥居は、ガラッと神聖な気に変わっていく神域と俗界の結界です。

鳥居前で、息をゆっくり吐いて、一礼。鳥居をくぐるときに、スッと頭の上にアンテナが立ち上がるイメージで、神聖な気を思いっきり吸い込みましょう。

神さまとつながるスイッチが入りやすくなります。

・手水舎と玉砂利の浄化を意識する

昔は、川や海などで身を清めてから神社に参拝しました。今、その代わりにあるのが手水舎で、参道は、川や海にあるような玉砂利の上を歩きます。

すべて身を清めるためのものです。

手水舎で作法を行うときに、水の清らかな気がスッと体内に浸透していく、祓われていくという、清々しさに意識を向けましょう。

私は、作法以外に、おでこや首、足元なども、水で清めることがあります。体に意識を向けて、祓い清めたほうがよいと感じるときに行います。

参道を歩く際は、頭上・天のほうから崇高な気をスィーッと吸い込み、足元・大地のほうへハァーッと吐いていきます。自然界の良質なパワーで祓い清めて、気持ちよく参道を歩きましょう。

・太陽神を感じる

日本は、もともと自然そのものが神さまです。

気持ちいい風がサラリと吹いてきたら、神さまや自然神かも？　と意識を向け、天気がよい日は、太陽にも挨拶をします。

太陽神とつながると、太陽の光を強く感じたり、太陽に向かって目をつぶっているときにも、白ではなく、色彩が鮮やかに変わったり、じわ～っと体の内側も熱くなります。

自然界の神さまを意識して、感覚を味わいながらチャージしましょう。

・ご神木や磐座の神さま、精霊を感じる

境内にあるご神木や磐座は、神さまとつながりやすい場所です。

ご神木は、ぐるりと一周してみましょう。気になるところで立ち止まり、下から上まで木を眺めてみます。

「神さまがいるところを教えてください」と心でつぶやき、ふと目が止まった場所があれば、そちらに意識を向けて、神さまとつながるイメージで、深い呼吸を繰り返します。

手のひらは、気を敏感に感じやすいので、そっと向けてもいいです。

磐座は、ジリジリと強い電気のような気を感じやすいのが特徴。

ご神木や磐座は、大地の気ともしっかりつながりやすいので、落ち着く場所でグランディングをしてみましょう。

※ご神木や磐座は、基本的には触れることは控えます。

・狛犬や神使に挨拶する

狛犬《こまいぬ》は、「阿吽《あうん》」の口をしており、宇宙の始まりと終わりを表しているとも言われ

ています。参拝者の邪気を祓い、神前をお守りするお役目です。

この狛犬、じつは、御魂が宿っていることが多くて、おしゃべりしてくれます（笑）。

拝殿に向かう前に、ぜひ狛犬に挨拶をして仲良くなってください。

子犬のように人懐っこい狛犬もいますし、キリッと勇ましい狛犬もいます。

この狛犬はどんな感じかな？　と意識して「こんにちは～狛犬さん」と挨拶をすると、基本的に狛犬は喜んでくれます。

埼玉県にある三峯神社の奥宮にいる狛犬は、金平糖がとってもお好きでしたよ（笑）。

また、神さまのお使いとなるのが神使《しんし》（神意を代行して現世と接触する動物）です。

稲荷神は狐、天神は牛、春日神は鹿、八幡神は鳩、猿田彦大神はカエルなどです。

・神さまに「お供え物」をする

第4章でもお伝えしましたが、神さまへのお供えは、お米、お塩、お酒、甘いものなど、神さまに喜んでいただけるものです。

私たちの想いに神さまが喜ばれると、ふんわりご神気が舞うことも♪

お供えしたものには神さまの気が入りますので、お下がりをいただきましょう。

神さまと同じものをいただくと、祓い清められ、神さまとのつながりも高まります。毎回びっくりするのが、お供え物の味が変わること。神さまによって変化する味わいは、まるで魔法！　特にお塩のパワーはすごいです。

お塩の味わいがまろやかになったり、甘くなったり、しょっぱくなったり、神さまの聖地によってまったく違うものになります。

そして、ペロッと一瞬なめるだけで、体の内側から邪気がパーンと祓われます。咳やゲップが出るときは、浄化された証拠です（笑）。

・お賽銭の「音」に注目する

お賽銭は投げずに納めます。昔は白い紙にお米をくるんで「おひねり」として供えていたものが、お賽銭になっていきました。

神さまへの感謝の意味を込めたものがお賽銭です。

お賽銭を納めるときは、「音」にご注目ください。同じお金を入れても、人によっても、自分の状態によっても、音の波動が変わります。軽やかな音ほど、祓いの力はサラリと軽やかで、重みのある音ほど、祓いの力はドッシリ重みがあります。

ご自身のエネルギーに合う波動の音で、お賽銭の音からも、私たちは祓い清められているんです。ちょっとしたことですが、お賽銭は、今の自分を知ることができる、映し鏡ですね。

・お参りは、「心と思考の空白」をつくる

拝殿の前で、スッと背筋を伸ばして、目を閉じます。「お願い神さまモード」をいったんオフにして、深呼吸をして気持ちを整えましょう。

思考や心の空白ができたら、ご祭神のお名前をお呼びして、「よろしくお願いします」と伝えて、ペコリ。

拝殿の前でサラサラと清らかな風が吹いてきたら、それは神さまの風、「ご神気」です。このとき、「祓詞《はらえことば》」や、「祓《はら》え給《たま》い、清《きよ》め給え、神《かむ》ながら守り給い、幸《さきわ》え給え」を唱えるのもお勧め。

清々しい神さまの気に意識を向けて唱えると、より言霊に力が宿ります。心身が祓い清められると、神さまともつながりやすくなりますよ。

作法は、「二拝《はい》　二拍手《はくしゅ》　一拝《いっぱい》」（神社によっては、作法が変わります）です。

柏手《かしわで》は、神さまへの敬意を込めて打ち、神さまに「来ました」とお知らせするためのもので、祓いの力もあります。高く清らかに響く音がするときは、その場の気がとても清らかで、あなたの気も高まっている証拠です。

それから、住所と名前を伝えて、神さまに自己紹介をします。

現在から未来に向けての希望、目標、やりたいこと、お伺いしたいことを伝えます。祈りは、「〇〇になりますように」というより、「私は〇〇していきます」という言葉を伝えるほうが、前向きな意識で、今やることが明確になります。

神さまに伝わりやすいよう、なるべく簡潔に（笑）。

最後に「ありがとうございました」という感謝の気持ちを添えて一拝しましょう。

・本殿の後ろからもお参りする

拝殿にてお参り後は、本殿側（後ろ側）からもお参りしましょう（本殿側に回れる神社のみです）。

神さまはご本殿にいるので、じつは一番近いのがこの本殿の後ろ側。かなり強い気が流れるパワースポットで、神さまともつながりやすい場所です。

参拝者が多くひたすら並ぶときは、本殿の後ろ側にぐるっと回って神さまにご挨拶することもできます（私がよくやる方法です。笑）。

・正式参拝やご祈禱を受ける

人生の節目や厄年、ここぞという願いがあるときには、ご祈禱を受けるのもお勧めです。神職さんは、神さまに私たちの願いをシンプルに届けてくださいます。ご祈禱中は、神さまが近くまでドーンと降りてこられるので、拝殿内はご神気でいっぱい。必ず神さまとつながることができますよ。

・元宮や奥宮は最強パワースポット

山の頂上に、元宮や奥宮がある神社は、そちらが大元となる最強のパワースポットです。古《いにしえ》から祭祀《さいし》が行われていた神域ですので、社殿の大きさに関係なく、崇高な神さまの気が降り立ちます。

体力や時間、装備と相談して、本社に参拝した後に訪れましょう。

・摂末社は、気になるところにお参りする

摂社は、ご祭神とゆかりの深い神さまや地主神が祀られています。末社は、それ以外の神さまです。すべてお参りしなければならない、ということはなく、ご自身が気になる摂末社にお参りしましょう。

ときに、ご祭神よりも強いご神気を感じるお柱もありますので、私は、意識が向く摂末社にお参りしています。

また、何度も同じ神さま（神社名）を見かけるときは、その大元の神社を調べて、訪れることもあります。

・「おみくじ」を引いて、神さまからのメッセージを受け取る

お参り後、神さまにお伺いしたいことがあれば、おみくじを引いてみます。

おみくじを引くときは、「〇〇について神さま、メッセージをお願いします」と軽く念じてから引きます。おみくじは、大吉、吉、中吉などが一番気になりますが、じつは最初の文章が神さまからのメッセージです。

ちゃんと想いを乗せてから引くと、神さまとしっかりつながるので、「はい！　わ

かりました！」と返事をしたくなる内容のメッセージが書かれています。

・「御朱印」をお受けする

お参り後は、御朱印をお受けします。

御朱印帳とは、ご神仏とのつながりがある大切なものです。

御朱印は、参拝した日のご神仏の気が宿るので、何度も同じ神社仏閣に参拝しても、いただく御朱印の気は異なります。私たちは、一人ひとり神さまとのつながりも違うので、じつはオンリーワンの御朱印なんです。

なので、私は、何度も行ったことがある聖地でも、御朱印をお受けしています。

・「お守り」をお受けする

お参り後は、祓われた清らかな目でお守りを選ぶことができるので、今のあなたに必要なお守りを直感的に選ぶことができます。

お守りは、鈴の音色が美しいものは、祓いの力があるのでお勧め。身に着けたり、大切に持ち歩きましょう。

・「ご神水」をいただく

神社にご神水があれば、いただきましょう。お社やお賽銭箱がある場合は、先にきちんとお参りをします。

飲用可能な場所は、その場でゴクゴク飲める限りいただきます。ペットボトルを満タンにしたら拝殿に行き、神さまに「ご神水をいただきました。ありがとうございます」と報告をして、神さまに差し出すと、神さまが「ふむふむ」とご神気を入れてくださることがありますよ（笑）。

ご神水を持ち帰ったら、神棚や氏神さまにお供えします。

「お寺」での開運行動

お寺に祀られるのは、如来、菩薩、明王、天部の仏さまです。お寺は宗派によって、細かい作法が異なります。たくさんの仏さまがいるので、お参りする際は、ご本尊がどんな救済の力をお持ちなのかを調べてみましょう。

・山門で合掌一礼

山門では、合掌一礼してから境内に入ります。

山門（仁王門）に祀られる仁王さま（金剛力士像）は、阿形像《あぎょう》、吽形像《うんぎょう》一対で、仏敵の侵入を防ぐドンと力強いパワーがあります。特に、足元の悪を除《の》けるパワーがあるので、挨拶をしてから境内に入りましょう。

・境内のお墓に敬意を持つ

境内にあるお墓の前を通るときは、「お邪魔させていただきます」という敬意を持ちます。

・手水舎とお線香でお清め

手水舎で身を清めたら、お線香の香りと煙で、心身を祓い清めましょう。

ちなみに、私はいつも塗香《ずこう》を持参しています。塗香とは、パウダー状の香原料が調合されているお香です。

作法は宗派により違いますが、私は、両手のひらで塗香をすり合わせて、まず全身のオーラにも行きわたるようなイメージで、香りを思いっきり吸い上げます。

そのあと、手で口やおでこ、全身にパンパンとつけていきます。心地よい香木の香りで、精神が安らぎ、感覚ごと清められていきますよ。

・本堂内でお参りする

お寺は、本堂内に入ることができれば、必ず中でお参りしましょう。

堂内は、ほどよく静寂で清らかな空間が広がり、仏さまとのつながりが深まります。

ロウソク・お線香（お焼香）をお供えすると（あるお堂のみ）、お線香やお焼香は、香りや煙で身を清めると同時に、仏さまとのつながりを高めてくれます。

ロウソクは、邪気を燃やして心の暗闇を照らす、ご自身やご先祖さまが道に迷われないように、という意味もあります。

ご本尊の正面で、お賽銭を納めたら、合掌一礼します。

仏さまに自己紹介をして、ご本尊のお姿を（秘仏でない限り）ぼんやりと眺めます。

心や思考の空白をつくり、そっと目を閉じて、仏さまに意識を向けながら、心の内側を感じます。日常で波立った心が湧き上がってきたら、そっとご本尊の光を送り込むような深い呼吸を繰り返しましょう。魂が癒されてくると、とても心地よく眠くなることもあります。

宗派により作法は違いますが、心を正して、ご本尊のご真言を唱えると、仏さまとのつながりが深まり、また、ご先祖さまのことを想い般若心経を唱えると、ご先祖さまはとても喜ばれますよ。

堂内のお邪魔にならない場所では、瞑想もお勧めです。

お寺は、仏さまによる救済の力があります。現在から過去に起こった出来事を整理する、心を見つめて内観するのに最適です。


お寺で一番パワーが高まるのが、お坊さん方がお経を唱えてくださる、お勤めやご祈禱の時間。お護摩が行われるお堂では、仏さまの慈悲深い光と、厄除けのパワーが堂内全体に広がります。

事前にお寺のホームページなどで、時間をチェックしましょう。

また、ご自身と宗派が同じお寺では、先祖供養をお願いすると、ご先祖さまに仏さまの光が届きやすくなります。お墓参りに行けないときなど、ぜひお願いするといいですよ。

・「御朱印」をお受けする

仏さまとつながるお寺の御朱印は、達筆で美しいのが魅力です。参拝後にお受けしましょう。

「山」での開運行動

・霊山はパワースポット

山のパワースポットに訪れるなら、霊山を登山するのがお勧め！　多くは奥宮や元宮が山頂付近にあります。

登山道にも、祠や石仏が祀られていたり、巨木や巨岩、滝や川などにも、自然界の神さまがいるので、そこら中が神さまスポットです。

登山する際は、里山にある神社にお参りをして、登山の安全祈願をしてから登り、無事下山した際はお礼を伝えましょう。

・五感に意識を向け、自然とシンクロする

山は、360度すべてが全身のパワーチャージになります。ムンとした湿度を感じる土の香り、ゴツゴツした木の根や土のやわらかな感触、風に揺れる葉音や緑の香り、鳥の歌い声、光のコントラスト……。五感を丁寧に味わうと、一つひとつの変化を、より鮮明に感じられる瞬間がありま す。自然界とシンクロして、感覚が研ぎ澄まされていく感じを、歩きながら楽しみましょう。

山は、自然界の神さまがとても多いのと、目に見えない気の扉があり、麓から段階的にクリアなエネルギーに上がっていきます。

意識していると、香りや風の感じから「あっ、今、変わった」と気の違いを感じやすくなりますよ。

・風の通り道で浄化する

山には、風が抜ける場所があります。展望がよいところ、山の尾根など、清らかな風が抜ける場所はパワースポットです。

そこで、しばらく風に当たりながら、息を深く吐いて、胸やおなかを思いっきり膨らませるくらい清らかな風を吸い込みましょう。

風は、思考や想念を祓い清めてくれます。

・岩や木に宿る神さまや精霊を感じてみる

自然界の神さまや精霊が宿る、特別な巨木や巨岩もあります。

木は、大地の良質な磁場や栄養を吸い上げて、天に向かい成長していくので、巨木が育つ場所は間違いなくパワースポットです。

巨木を見つけたら、そっと両手とおでこで触れて、木に宿る神さまや精霊に話しかけてみましょう。

精霊はとてもやわらかく繊細な気を放つので、「パワーをちょうだい！」と言うよりも、巨木にそっと寄り添う気持ちで触れるのがお勧め。

波動が合うと、自然に精霊のほうから近寄ってパワーを授けてくれます。じんわりあたたかくなったり、気持ちがほぐれたり、癒されたら、精霊や神さまのパワーを授かった証拠です。

木の精霊と神さまに「ありがとう」を伝えましょう。

また、巨岩は、不動の力と言いますか、その場でドンと佇んで力を蓄えるような、ドッシリとしたパワーがあります。体の気を流してくれるので、全身で触れ合ってみましょう。

・裸足になって、地球とつながるグランディングをする

登山の休憩時は、靴を脱いで裸足になり、地面に直接足をつけてみます。

巨岩の上や、切り株・木の根は、大地の気を吸収しやすい場所ですので、グランディングをすると、地球の奥深いパワーとつながりやすくなります。

・川や滝の神さま、精霊に挨拶。体を水につけて浄化する

川は、上流に行くほど、水が清らかになり、神さまとつながる場所が増えていきます。水が岩肌にぶつかり流れがあるところは、良質なパワーが生まれやすいので、安全な岩場に腰をかけたら、手や足をつけてみるのもお勧めです。

滝は、水の神さまや龍神さまなど、たくさんの神さまがいます。周辺に祠や石仏がある際は、手を合わせたあとに、滝の近くに行きましょう。

滝の風を浴びて清めたら、安全な場所で、滝の神さまにお供えをして挨拶をします。ちなみに水の神さまは、全国の聖地の水をつなぐと、とっても喜ばれます。

滝の気が、ぶわぁんとあたたかくなったり、虹が現れたり、太陽がパーッと光を放つことも♪

自然の神さまとつながると、本当に楽しいことだらけなので、神さま大好き〜♪とたくさん仲良しになってくださぃ（笑）。


ご挨拶を終えたあとは、「神さま失礼します」と伝えて、手足を滝（川）の水につけます。足裏にピリピリと痛みがあるときは、エネルギーが滞っているところを洗い流しているので、そのままがんばってつけておきましょう。

多くの人が、頭、目、耳、首、肩、胃のあたりに、エネルギーが詰まりやすいので、水をつけて浄化をします。

神さまとつながっている間は、水のパワーが変わるので、びっくりするほど体が軽やかになりますよ。

・山頂で山の神さまとつながる

山頂には、祠や神社がなくても、山の主となる神さまがいます。

山頂では、太陽の光が入る、風が抜ける、巨木や巨岩がある、見晴らしがよい、といった気持ちがよいところを見つけて、山の神さまにお供えをしましょう。

想いが通じると、神さまのほうから来てくださることが多いです。

その合図は、清らかな風や太陽の光。

「御縁をありがとうございます。無事に登頂しました」

そういった感謝の想いを大切に。

お参りのあとは、お弁当を食べて、寝っ転がって、しばらく背中からもグランディングをします。背中は他人の気や、想いなどが付着していることも多いので、そのエネルギーも全部地球にリリースしましょう。

「海、湖、湧き水、水辺」での開運行動

・水辺の光に注目

海、川、滝、湖、すべての水辺に言えることですが、水面に映る太陽の光の道はポジティブパワーが溢れています。光の道に立ち、深呼吸をして、光り輝く陽の気をたくさん取り入れましょう。

・海で浄化する

海にも山のように神さまが降り立つポイントがあります。潮の流れが生まれ、波の力が高まる場所は、龍神さまがパワフルに泳ぎまわる、強い浄化力のあるパワースポットです。

岸壁などは、危険のない安全な場所で、海の神さまにお供えをして挨拶をします。龍神さまは好奇心旺盛なので、ドーンと大きな波と一緒に上陸することがあります。

とにかくワイルドな浄化パワーなので、ご挨拶をしたあとは、泳げる場所であれば、海で泳ぐというのが一番の浄化方法です。

泳げる時期ではないときは、手足、おでこ、耳、首などに海水をつけましょう。岩場や浜辺で寝そべったり、ゆっくり過ごすことでも、潮風で全身が祓われていきます。

特に大潮の4月や、海開きが行われる7月は、龍神さまや海の神さまが活発になる時期です。

大自然のパワーチャージは、山も海もすべて全身で楽しむことがポイント！　気の合う人たちと存分に遊び、笑い、楽しみましょう♪

・湖で癒しを味わう

湖は波が少なく、天気がよい日は壮大な水鏡になります。空や山が映り込む湖は、自然界の穏やかな癒しの気も溶け込んでいます。

美しい景色が映る場所を探したら、のんびりと過ごしましょう。

・湧水地は瞑想にピッタリ

ブクブクと大地から水が湧く湧水地は、とても繊細な大地の気が生まれています。

清らかな水の赤ちゃんの鼓動は静寂で、精神を癒し、瞑想を助けるようなパワーです。

心が疲れているときは、湖や湧水地は、よしよしと大自然が受け止めてくれるような穏やかな波動があるのでお勧め。

また、湧き水が飲める場所は、たくさんいただき、水の生まれたての生命パワーをチャージしましょう。

「公園」での開運行動

・自然豊かな公園はパワースポット

自然豊かな公園は、自然界の神さまや精霊が宿る場所です。

第1章でお伝えした、横浜市の市民の森のように、自然の里山をそのまま公園にしたような場所は、自然界の良質な気、癒しが溢れるパワースポットです。

また、身近な子どもたちが遊んでいる公園には、ポジティブな人の気が集まっています。大人の人間関係のしがらみとは違う、子どもたちの自由な感性を受け取れる場所なので、のんびりと過ごしてみましょう。

季節の花や草木に意識を向けて、太陽や風の感じを楽しむと、身近な場所でも癒しのパワーチャージができますよ。

第6章

神さまとつながるための「お家パワースポット計画」

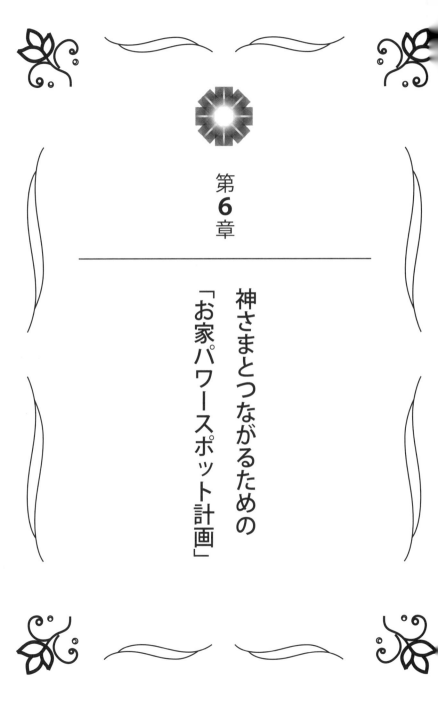

家をパワースポットにすると、運気が貯蓄できる！

私は、「お家開運」という清々しいお家空間をつくるサポート事業をやっています（詳しくはAMATERASホームページをご覧ください）。

家を整えて、清らかな状態に保つことは、その人の運気を整えていくのと同じこと。

お参りで、思考や心の空白が生まれると、神さまとつながりやすくなるのと同じで、部屋の気も、クリアな空白があると、フレッシュなエネルギーが入りやすくなります。

つまり、**家を整えると、家自体がパワースポットになっていく！** ということ。

家にいる時間も、エネルギーの充電が可能になります。

日常的に、直感が働きやすくなり、神さまとのつながりも高まるので、開運を引き寄せる力も貯蓄できるんです。

家には、建てられたときから、あらゆる気が存在します。**家全体のエネルギーは、もともとある土地の波動が関係**していて、各部屋によって、間取りから生まれる気、暮らす人の気、家族関係から生まれる気、ものが放つ気などで、エネルギーが変わります。

家は、その家の長が、キラキラ、イキイキしていることが大切で、そのエネルギーが家全体を守る力になります。

また、**神棚の神さまや、ご先祖さまのお守りくださる力**も働いてきます。

各部屋の波動を高め、運気をアップしよう

さて、各部屋によって気が変わると書きましたが、もともと**波動がよい部屋は、風通しや日当たりがよい明るい雰囲気の部屋**です。特に、窓側に、隣の家がペタッとくっついていない部屋は、外からの清らかな気が通りやすいので、波動がよい部屋がほ

とんど！

逆に、波動が落ちやすい部屋は、日当たりや風通しが悪い、気の流れが生まれにくい場所です。そういった部屋は、特に愛情をいっぱいかけてあげる必要があります。

照明やラグなどは、明るめのものがお勧め。

浄化の掃除に加えて、アロマディフューザーなど自然の香りを用意して、植物やお花を飾り、天然石を置くのも◎。**部屋に自然界の気を取り入れることで、部屋の波動は穏やかに上がってきます。**

お風呂やトイレは、体内の排泄物を出す、汚れを洗い流す場所なので、特に浄化が必要です。

お風呂の気が清らかですと、体を洗う際の浄化パワーも高まります。お風呂は、掃除をしやすい環境をつくることがポイント。置くものは厳選しましょう。

トイレが清らかな気に保たれていると、お腹の詰まりやトラブルも軽減されてきます。

トイレの手を洗うところに、朝、精油を1滴たらしておくと、自然界の香りが、トイレにほのかに充満して癒しの波動が広がります。

タオルは、できれば毎日替えて、トイレのマットも1週間に一度は洗うと、トイレの気が清らかに保たれますよ。

お風呂やトイレに窓がない場合は、24時間換気しましょう。照明は、落ち着く程度の明るさがあるものを選ぶと、邪気がたまりにくくなります。

お風呂やトイレは、こまめに掃除をして、清らかな気を保つことで、心身の健康によい影響を与えてくれます。健康と開運はつながってくるので、本当に大事です。

キッチンでつくる料理には、食材の気、料理をつくる人の気、キッチンの気も入っています。そのパワーを、私たちは日常的に取り込んでいるのです。

キッチンの気が清らかですと、料理をするときの思考がスッキリして、ポジティブな気も入りやすくなります。

調味料などを表に出し始めると、他のものもつい外に出してしまい、ゴチャゴチャになりやすい傾向があるので、できる限りシンプルに。掃除もしやすくなりますよ。

テレワークで運気アップの秘訣

さて、最近は、在宅勤務の方も増えました。家族で、生活スタイルを見直された方も多いと思います。

ただ、一人暮らしの方は、部屋でパソコンと向き合って、お昼ご飯を食べて、また部屋に籠って、パソコンに向かう……、という生活になっていませんか。

意識すること、考え、想いや感情が、私たちの気を生み、部屋も連動していくので、仕事で考えることが多く、解決できない、ぐるぐる状態でいると、部屋にもその気が充満してしまいます。

仕事をする部屋と寝室が一緒で、「朝起きたてがなんだかスッキリしない」というときは、部屋の気が、仕事をする空間のまま、リラックスする空間に変わっていない可能性があります。

そんなときは、**「オンとオフ」**を空間にもつくってあげましょう。**仕事が終わったら必ず換気をして、気分転換！　風を入れて、リラックス空間に切り替えます。**

リラックス空間に変えるためには、アロマディフューザーやお香をたいたり、アロマキャンドルを灯したり、音楽をかけたり、趣味のものをやったり、**仕事中との変化をつくることが大切。**

同じ部屋でも、空気を入れ替え、違うことを取り入れることで、エネルギーが切り替わってきますよ。

不要なもの、使わないものは、「邪気の臭い」がする！

ギョッ！　としました？（笑）これ、本当なんです。

たとえば、洋服は、使用期限や賞味期限がないので、いつまでも置いておけます。ですが、クローゼットの奥にしまったままで、何年も着ていない洋服は、目に止まらないので、人の「かわいい」「ステキ」という愛のエネルギーチャージはゼロ。**暗闇に閉じ込められているまま、何にも生かされないので、洋服の布には邪気がたまりやすくなります。**

もっと進むと、そのあたりが、なんとも嫌な、ほこりとは違う、邪気の臭い（霊的な臭い）がしてきます。感じない方も多いと思いますが、**エネルギーが落ちているものを家の中にずーっと置いておくと、家の気がダウンしてしまう**んです。

ですので、ここ2~3年以上着ていない洋服は、処分したり、他でリサイクルする方法を考えましょう。ものにとっても、ずっと放置されるよりも、誰かの役に立てるほうが幸せですね♪

また、**新しい洋服は、あなたにフレッシュなエネルギーを運んでくれます。そして、あなたの意欲や行動を促す力になります。**開運したいと思うときは、新しいものからパワーを受け取ることもとても大切です。

ただ、クローゼットにたくさんの洋服やものが入ったままになっていると、新しい洋服を買っても入れる場所がないですよね。

クローゼットは、ときどき見直して、定期的に新しい洋服のエネルギーを入れて循環させるのがお勧めです。

そして、**半年に一度、衣替えの時期には、全部窓を開けて、お香をたいて、掃除しましょう。**

中のものを出すのは大変！　というときには、クローゼットをしばらく開けておいて、外の風が入るようにします。気が流れるようサーキュレーターを回すのもいいでしょう。

浄化のためには、塩とパワーストーン（さざれ：こまかい石のこと）を小さなお皿に載せて、クローゼットの両脇に置いておくと、塩やパワーストーンが邪気を吸ってくれます。

3か月に一度（理想は1か月に一度）は取り替えていくと、邪気がたまりにくくなりますよ♪

掃除で部屋の気を変える！

部屋の気を、きれいに浄化できる掃除方法をご紹介します。

まず、**窓を開けて、空間を風が通り抜けるようにします。**窓が一つしかない場合は、風が抜けにくいので、キッチンの換気扇をつけておきます。

玄関を出ると、外気とつながるマンションでしたら、玄関は、掃除の時間少しだけ開けておきましょう。

各部屋、キッチン、玄関にお香をたくと、風に乗って穏やかに煙と香りが広がり、浄化と癒しの気を運んでくれます。アロマディフューザーもあったら、一緒にスイッチオン！

ここから、掃除のスタートです。掃除機を使う場合は、掃除機の中のごみをためすぎないことが重要。**吸引力がある掃除機は、床やじゅうたんにたまる邪気も吸い上げてくれます。**あっ、吸ったものが、部屋に充満することはないですよ（笑）。**じゅうたんは、コロコロで掃除する**のもいいです。

フローリング部分は、フロア用掃除道具などで掃除するのがお勧め。シートの内側にご神水、お塩とお酒を少量つけます。スプレーのようにつくっておくと便利で、精油で香りをつけても◎（AMATERASのホームページには、神さまの光の浄化スプレーがあります♪）。

そして、**部屋中の床を拭いていきます。**壁や天井もこれで拭くと、一気に部屋の波動が変わります。

私が試した中で、気の掃除なら、この方法が一番です。

また、フローリングの床面の汚れをきれいにしたい場合は、重曹をご神水で溶かして掃除するのがお勧めです。普通の水を使った掃除とは、まったく違う浄化になりますよ。

土地は、四方を清めの砂か塩で清めよう

家が建っている状態でも、土地ごと清めたいときは、神社でお受けできる**「清めの砂か塩」**を用意します（神社によってはない場所もあるので、事前に調べてください）。

まず、土地をお守りくださる神さま、**氏神さまにお参り**しましょう。

次に、**家の中と外をきれいに掃除**をします。

家（土地）の神さまのために、**神棚に、お米、お塩、お水、お酒をお供え**しておきます（神棚がない場合は、神さまコーナーや、お神札があるところなど）。

「今から土地をお清めしたいと思います。よろしくお願いします」と伝えてから、**家の土地の四隅に、清めの砂か塩をまいていきます。**

土地の中心に方位磁石を置いて、**土地の四隅に、①北東→②南東→③南西→④北西の順番**で（近いところで大丈夫です）、神社の神職さんによる大麻《おおぬさ》を使ったお祓いの

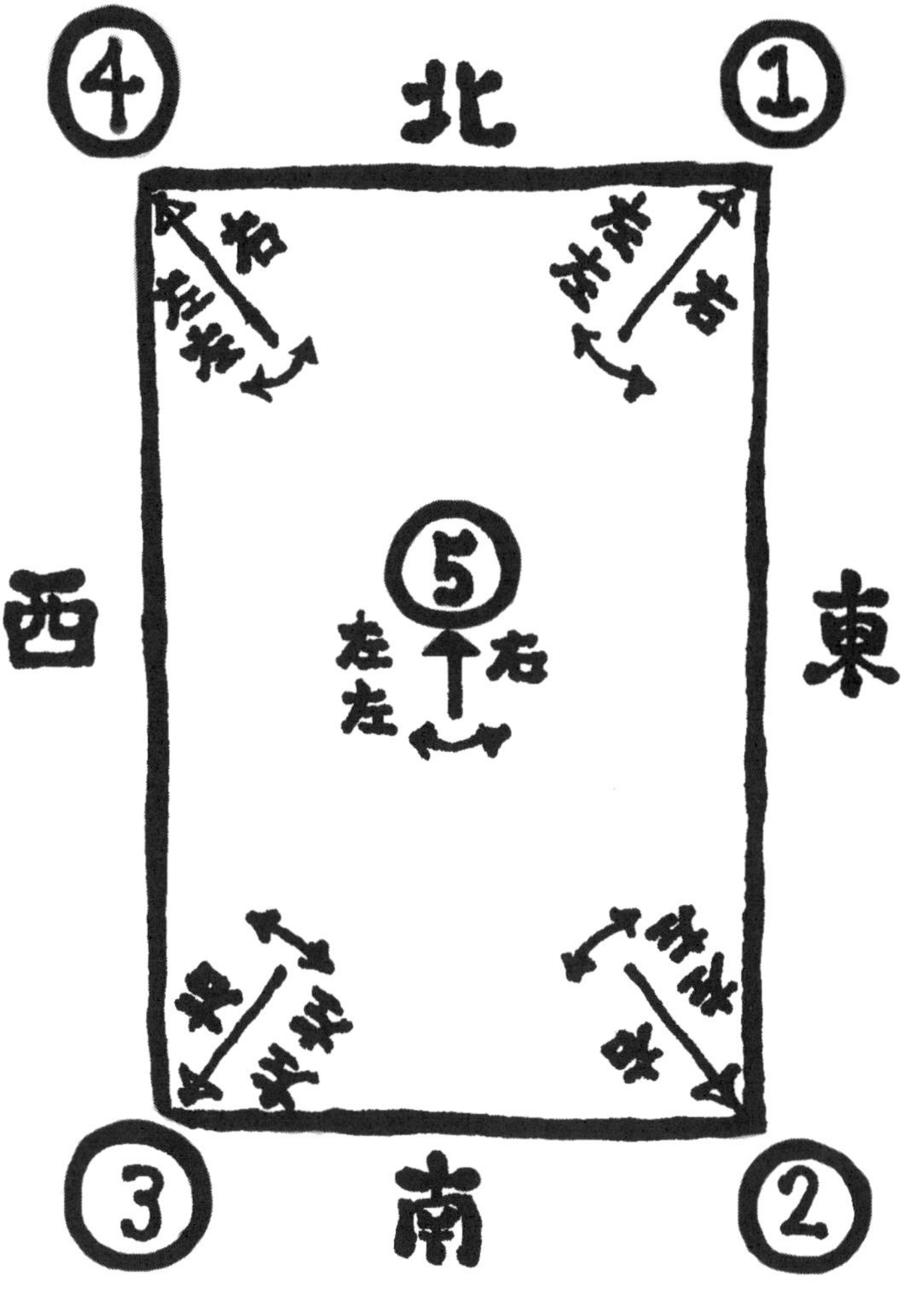

①～⑤の順番で清めの砂か塩をまく

ように、「左、右、左」と、清めの塩や砂をまきながら、「祓え給い、清め給え」と唱えて清めていきましょう。最後に土地の中心となる家の中も清めます。

また、家の中を清める際は、窓を開けて、同じように清めますが、清めの塩や砂をまくのではなく、お皿や白い紙の上に置いておきます。

玄関やベランダも同様に清めましょう。しばらくの間置いておいても、数時間置いた後片づけても大丈夫です。

最後は、神棚の前に戻り、「ありがとうございました」と挨拶をして、お清め終了です。

鬼門と裏鬼門、気になる場所には、塩とパワーストーン！

鬼門（北東）と裏鬼門（南西）は、邪気がたまりやすい方角です。家の中心に方位磁石を置いて、調べてみましょう。

この方角の場所には、清めの塩とパワーストーン（さざれ）を、白い紙に包んだり、白いお皿に載せて、常時置いておくのがお勧めです。

私の部屋は、ちょうどエアコンの部分が、南西の方角ですが、なんと！　エアコンと天井の間に邪気がたまっていることを発見しました。

慌ててエアコンをきれいにして、エアコンの上に、パワーストーンを置いてからは、部屋の気がパーッと明るくなりましたよ！

この方角以外でも、**部屋の四隅、玄関**（両サイド）など、ご自身で気になる場所がありましたら、ぜひ、お塩とパワーストーンをセットで置いてみてください。

ちなみに、私が清めの塩として使っているのは、沖縄の久高島のお塩「ふがにまぁす」です。とびっきり浄化パワーが強いのでお勧めです（ＡＭＡＴＥＲＡＳのホームページでも個数限定販売しています）。

部屋に置くパワーストーンの選び方

部屋の波動を高めるために置く、パワーストーンの選び方をご紹介します。

日当たりがよくない部屋には、太陽の石と言われる明るいパワーを放つ**シトリン**。

ここは嫌な感じがするという場所には、魔除けのパワーが強い**パイライト**。

清らかな明るい波動の部屋で、その気を高めていきたいときは**水晶**。


私が、パワーストーンでいろいろと実験してわかったことは、水晶は邪気を祓うのに万能な浄化のイメージがありますが、水晶自体が透明度の高い気を放つので、波動が低い部屋よりは、波動が高い部屋のほうが本領を発揮します。

チャクラを高めるパワーストーンの選び方

私たちの体には「チャクラ」と呼ばれるエネルギーの出入り口があります。

チャクラは、体に7か所ほどあり、ぐるぐると車輪のように回転して、エネルギーを生み出しています。このチャクラのバランスが整っているとき、精神や肉体もポジティブで元気です。

チャクラには、それに対応する色やパワーストーンがありますので、ご自身が高めたいチャクラに対応するパワーストーンを置いてみましょう。


【チャクラに対応するパワーストーン例】

・生命力、自分軸、安定、現実を生きる意欲↓**第一チャクラの波動（赤）**
↓ガーネット　ルビー

・創造性、自立心、喜び、欲求、性的な魅力→**第二チャクラの波動（オレンジ）**
↓カーネリアン　サンストーン
・行動力、自己肯定、信頼、意志、責任、自分を信じる→**第三チャクラの波動（黄）**
↓シトリン　タイガーアイ
・無条件の愛、許し、感情の解放、心の調和→**第四チャクラの波動（ピンク・緑）**
↓ローズクォーツ　クンツァイト　モルガナイト　インカローズ　エメラルド
・コミュニケーション、意志、表現の自由→**第五チャクラの波動（水）**
↓アマゾナイト　ラリマー　ターコイズ　アクアマリン
・生きる知恵、洞察力、集中力、直感力、ひらめきを高める→**第六チャクラの波動（青）**
↓ラピスラズリ　アクアオーラ　ラブラドライト
・スピリチュアル、霊的探求、魂の目的を見つける→**第七チャクラの波動（紫）**
↓アメジスト　スーパーセブン
神さまとのつながりを高めるためには、**高い波動のアゼツライト、レインボークォーツがお勧めです。**

人間には、エネルギーの出入り口である７つの「チャクラ」がある

部屋に花や植物、パワーストーン、アートや風景の写真を飾ろう

「部屋をパワースポットにするためには、きれいな波動のものを置く！」がポイント。

花や植物、パワーストーンを置いて、自然界の癒しの気を取り込みましょう。

好きなパワースポットの風景写真を飾ると、写真を通して、聖地とのつながりができます。

好きなアートを飾るのもいいです。素敵な額に入れて部屋に飾りましょう。

人が写っている写真は、今本当に飾りたいものなのかどうかを、改めて自分に問いかけてみてください。写真はエネルギー的につながるものなので、今、その写真を見て「あたたかい気持ちになる？」「その人たちとつながりたい？」と考えてみましょう。その感覚がとても大切です。

ソファーに座ったときなど、リラックスするときに見える景色も重要で、視界に入

る場所に飾るものが、あなたを癒してくれます。

「神棚」はお祀りしたほうがいい？

「神棚はお祀りしたほうがいいですか？」と聞かれることがありますが、私は、「お祀りしたいですか？」と逆に質問します（笑）。

すると、「お供えとか大変そうだから」「そのほうが運気上がるのかと思って」などの回答が……（笑）。

単純に、「神棚をお祀りするのとしないの、どっちがいい？」と聞かれたら、もちろん、私は神棚をお祀りしている人なので、「お祀りするといいよ〜♪」と答えます。

でも、ご自身が「**お祀りしたい！」と思えないのなら、無理をする必要はない**ですし、「神さまに家に来ていただけるって、うれしい！」と思うかどうかだけでいいと思います。

「毎日手を合わせるのが大変」「お供えをするのが大変」というエネルギーが大きくある中では、神棚をお祀りしようとしても、そのエネルギーが邪魔して、神さまに来ていただけることを素直に喜べないですよね。ただの負担になっては、せっかく来ていただいた神さまも、とーっても悲しいはず。

「しなければならない」ではなくて、心の拠りどころとして、「いつも守っていただいている」「ありがとう～」と思えるところが神棚です。

神棚の神さまへの想いは、鏡のように返ってきて、家や家族を守り、家の気を清らかに保ちます。神さまが居心地よい空間は、家族も居心地よい空間になります。

ただ、神棚がなくても、太陽を見て、「神さま、おはよ～！」と言えますし、ご祈禱でお神札をお受けしたら、そのお神札に挨拶をする、ということもできます。固く考えずに、日本に生まれた自由さを生かして神さまとつながりましょう。

ちなみに私は、毎朝、グランディングやエネルギーワークで自分を整えたあとに、神さま仏さまにお勤め（祝詞やお経を唱えるお参り）をしますが、時間はバラバラです。

心を整えて集中できるタイミングでやるのですが、お勤めをすると、心と体の気がクリアになり、スーッと自分の直感や自分軸が立ち上がります。余計なエネルギーがなくなって、思考や想いもクリアになるので、神さまとのつながりがグーンとアップ♪

なので、お勤めは大好き！　だからやります（笑）。

ただ、それを人に求めるかといったら、そんなことはありません。

ですが、「お勤めってやったほうがいい？」と聞かれたら、「うん！　やると気持ちいいよ〜♪」と答えます。そんな解釈で神棚についても考えていただけたらと思います。

人によって、考え方や事情が違うので、**「自分がどうしたいか」という想いと選択が、神棚をお祀りするにも大切**です。

神棚のお祀りの仕方

さて、神棚をお祀りする際のお勧めの方法をご紹介します。

まずは、やっぱり**部屋の掃除！** 空間を浄化しましょう。

そして、**氏神さまに行き、住所、名前を伝えて、神棚をお祀りすることを報告**します。

お参り後に、**神宮大麻《じんぐうたいま》（天照皇大神宮のお神札）、氏神神社のお神札をお受けします。崇敬する神社のお神札があればそちらも用意**しましょう。

家に帰ってからは、手や口を水で清めます。

神棚は、**リビングなど、家族みんなが集まる場所や、明るく清らかな空間**を選びます。

北を背にして、東向きか南向き。目線よりも高い位置にお祀りしますので、家の中心に方位磁石を置いて、方角を調べてみましょう。

人が通り抜けるドアの上や、トイレのそば、仏壇と向かい合う場所は避けます。

神棚の真下には、神さまに関係するもの以外は、ものを置かないほうがお勧め。

とはいっても、家の事情があると思いますので、タンスの上などにお祀りしたらいけない、というわけではありません。

ただ、アルミラックのようにガタガタ揺れて安定しないものは、避けたほうが好ましいでしょう。

神棚を箱から出したら、直接床には置かずに、台の上やテーブルの上に置きます。

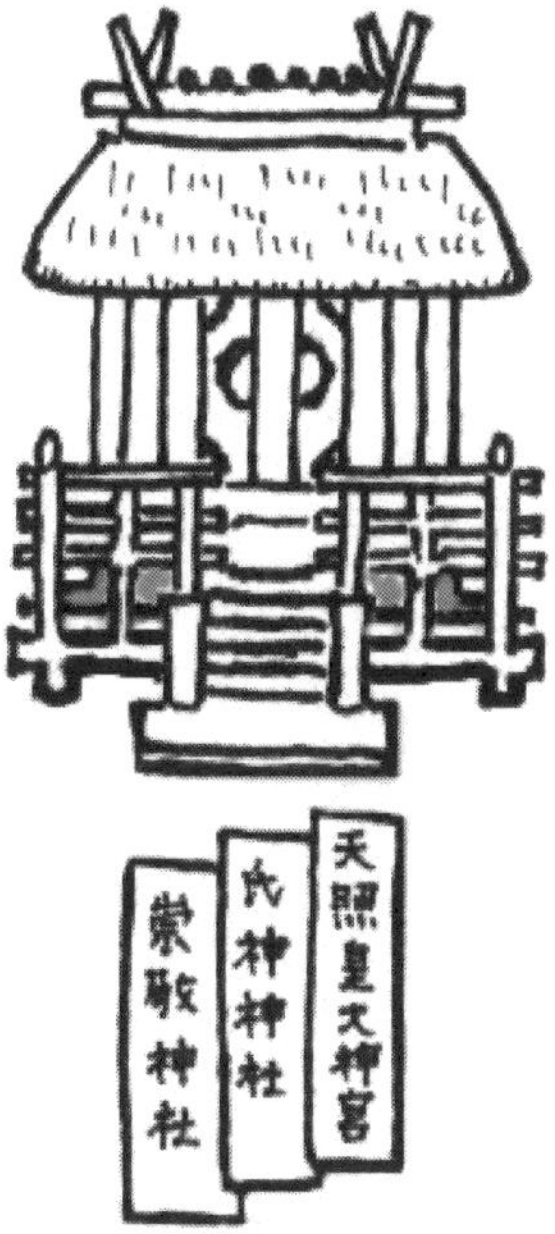

お神札は、神棚（宮形）にもよりますが、**中心が神宮大麻、右が氏神神社のお神札、左が崇敬する神社のお神札**をお納めします。
お神札を一か所に納める一社

造りの神棚は、**手前から神宮大麻、氏神神社のお神札、崇敬する神社のお神札**の順でお納めしましょう（201ページのイラスト参照）。

ご祈禱でお受けしたお神札は、神棚（宮形）の中に入らないことも多いので、横にお祀りします。

上の階がある建物の下の階に神棚をお祀りする際は、神棚の上を人が歩いたり、住むことになりますので、**神棚の上（天井）に「雲」という字を書いた紙を貼ります。**そうすると、不思議と波動がグンと上がりますよ。

さて、**神饌《しんせん》（お供え物）は、中心にお米、左にお水、右にお塩**をお供えします。お酒やお榊《さかき》もお供えできれば最高です。果物をお供えしてもいいですね。

神棚に、二拝して、「祓え給い、清め給え、神ながら守り給い、幸え給え」を唱え、二拝、二拍手、一拝、お参りしましょう。

そういえば、神棚の気は、同じ神さまをお祀りしていても、その家によってエネルギーが違います。人（家）の波動が高まると、お参りする気も変わるので、神棚の気も高く崇高な気になります。

神棚は、神社のミニチュア版として、しっかり神さまとつながる場所です。お祀りしたら、親しみを込めて、ぜひ神さまとお話ししてみてください♪

家のお祓いは、「八方除けの神社」でご祈禱を

引っ越しや家を建てるとき、また家の空気が曇っていると感じるとき、家族の問題があるとき、家の長が厄年のときなどは、「八方除けのご利益がある神社」に行きましょう。

八方除けのご祈禱を受けるのがお勧めです。

そのときにお受けする、八方除けのお神札は、神棚や指定の方角にお祀りします。

開運する部屋選び&引っ越しポイント

さて、開運する部屋選びで大切なことは、**必ず内見する**ことです。

というのも、ネットで検索をして「あ、いいかも！」と感じた物件でも見に行くと、周辺や隣人の雰囲気、日当たりや空気感など、行ってみないとわからないことがたくさんあります。その場に足を踏み入れるほうが、直感的にどうかな？　という感覚も働きやすくなります。

そして、**自分の気の状態がよいと感じるときに、家を内見する**ことが大切。

第1章でも触れましたが、内見の前には、氏神さまや引っ越ししたい土地の神社にお参りをして、エネルギーを整えてから行くのがお勧めです。

内見に行くときに、具合がよくない、運気が下がっている、気持ちが乗らないと、運気アップする家を選ぶことが難しくなります。自分をよい状態にして、開運を助けてくれる家を引き寄せましょう。

まず、**内見に訪れたら、全部の窓を開けてみます。**

風通しや日当たりがよく、匂いもいい、気持ちがいい、明るい雰囲気で、メンテナンスもしっかりされている部屋は、もともと波動が高く、部屋を浄化して整えたあとも、よい状態が継続されやすくなります。

家をパワースポットにするなら、もともと波動がよい家に住むのが一番です。

トイレやお風呂場は、入って扉を閉めてみてください。トイレは水を流してみましょう。水まわりが暗い感じがすると、ネガティブな気もたまりやすくなるので、こまめに掃除をする、浄化をする必要が増えてきます。

クローゼットは、全部開けてみます。天袋は邪気がたまりやすい場所でもあるので、どんな感じかチェック。もし、開けたくない感じがしたら、そこは邪気がたまっている可能性大。もし入居するなら、浄化の掃除で中をピカピカに磨きましょう。

キッチンの棚も全部開けてみて、水を流してみます。

また、ベランダからの景色が抜けていると、清らかな風や気が部屋に入ってきやすくなります。

目の前に送電線があると、少なからず電磁波の影響を受ける可能性が高いので、避けるほうがお勧めです。

よい波動の家に引っ越しすると、その後の運気アップにつながります。

家選びは、エネルギーを使いますが、とっても大事なことなので、自分がピンとくるまで諦めずに、ぜひ探してみてくださいね。

では、次は引っ越しについてです。

第1章では、引っ越しの際は、氏神さまに挨拶をすることを書きました。

引っ越しは、その後の運勢がガラッと変わるほどのエネルギーが動くので、**自分を変えたい、進化させたいときには、引っ越しはとても有効**です。

引っ越しだけは、私も**吉方位**をしっかり調べています。

もし、吉方位を見て、よい方角でない土地に引っ越す場合は、八方除けの神社にお参りをして、ご祈禱を受けましょう。

また、引っ越し日が、吉方位で選んだ日程よりも、時期が少し後になってしまうときは、「万年青《おもと》」という植物を今住んでいる家で数日間お世話したあとに、大吉日に、引っ越しする家の鬼門（北東）に置くとよいです。万年青に、「よろしくね」と伝えて、あなたの代わりに住人として住んでもらいましょう。

ちなみに、私が今の家に引っ越したときは、8月が大吉方位でしたが、今の家は、5月に見つけて「これだ！」とピンときたので、6月から借りておきました。

そして、新居で住める準備を重ねておき、8月までは、新しい家には一切泊まらないで、8月の方位が開いてから、完全引っ越し。

免許証や住民票なども全部8月に移しました。家賃はその分多くかかりましたが、その後の仕事運アップ、開運の動き、心や体のよい変化を感じているので、本当に大満足♪　しています。

第7章

「仕事運、金運、対人運」が上がる変化の起こし方

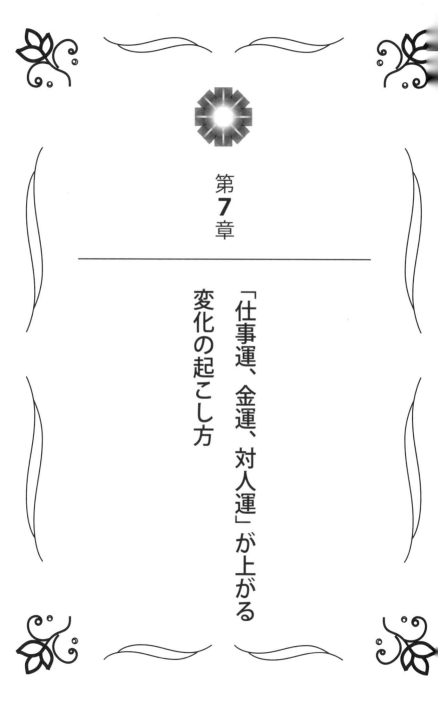

パワースポットに行ったあとの行動が、開運の風を起こす！

第4章でも書きましたが、**パワースポットに行ったあとのあなたの前向きな行動が、新しい変化や開運の風を起こします。**

パワースポットに行ったあとのあなたは、いつもとは違って、心もエネルギーもキラキラに生まれ変わっています。自分の波動が高まったときが、自分から変化を起こすチャンスです。

外見や行動も、いつもの自分から、少し変化をつけてみましょう♪

靴をきれいに磨いて、メイク、洋服、アクセサリーも新しい組み合わせを取り入れ、フレッシュな気持ちを大切に。

もし、仕事や対人関係を考えて、ネガティブな感情が思い浮かんできたら、第2章でご紹介した「グランディング」をやります。

「〇〇（思い浮かんだことや人など）をグランディングコードに落としていきます」と意識して、どんどん落としていきましょう。

地球の核のパワーを吸い上げるときには、「ポジティブに仕事ができる」「対人関係が円滑になる」と、ニッコリ笑顔でイメージします。

ポジティブな考えや言葉、想いのエネルギーが、全身に広がるオーラを輝かせて、あなたを光で守ってくれますよ。


第1章の「つねに『自分軸』で行動する」、第2章の「神さまは、『前向きに生きている人』を応援する！」でもお話ししたとおり、**「自分からポジティブな光を放ち、あなたの世界を明るく心地よいものに創造していく！」**ことを、ちょっと意識して過ごしてみましょう♪

「仕事場の氏神さま」に挨拶に行こう

会社勤めをされている方は、「会社の氏神さま」にも挨拶しましょう。

自宅の住所と名前の他に、会社名と会社の住所も神さまにお伝えします。

業績を上げたい、出世したい、能力を伸ばしたい、上司との関係を良好にしたい、さまざまな願いを叶えるために、伝え方のポイントがあります。

具体的に**「自分が何をどうしていくか」**を神さまに伝えることが大切です。

たとえば、「営業成績を伸ばしたい」という願いなら、「お客さまが喜び、満足されるような営業をするには、何をどうしたらいいか」と、具体的な行動を明確にします。

「お客さまとのコミュニケーションを大切にする」「自分の技術を磨く」「サービスを考える」「第一印象をよくする」などなんでもいいので、一つを明確にしましょう。

そのうえで、「営業成績を伸ばすために、〇〇をします。神さまご加護をよろしくお願いします」というような伝え方をするのがお勧めです。

神さまに伝える言葉は、「自分への宣言」でもあります。

人と比べて落ち込む自分が出てきたら、休憩時間にグランディングをして、その想念をグランディングコードに落としていきましょう。

そして、今の自分の役割を、しっかり仕事に活かしていくことを大切にします。

一つできた！　ということがあれば、**神さまにお礼参り**をすると、仕事の応援の力がさらに高まってきますよ。

また、「この会社に入りたい」という企業があれば、その会社の氏神さまにお参りをして、その旨をお伝えするのもお勧めです。

仕事場の整理整頓で業績アップ！

第6章では、家をパワースポットにすると、運気が貯蓄できるというお話をしましたが、仕事場のデスクも同じことが言えます。

デスク自体を、あなたのパワースポットにするイメージで、使いやすいお気に入りのスタイルに整えていきましょう。集中力が高まるよい環境をつくることがポイントです。

普段使う一つひとつの道具類も、「よし♪」と気持ちが上がる、ストレスのない、使いやすい上質なものを選ぶと◎。

あなたがデスクに注いだポジティブなエネルギーによって、アイデアや、神さまからのヒントも降りてきやすくなります。

今、必要のない書類が、たんまりデスクのまわりや、引き出しに入っていたら、要注意。そういった場所に邪気がたまりやすく、邪気は「今」の集中力を邪魔します。がんばってもうまくいかないことが続くときは、まず片づけましょう。

きれいに片づけられたデスクは、どこに何があるのかと書類やものを探す必要もなくなり、気分もスッキリ、仕事の効率が上がります。

特に**パソコンは、外も内もきれいにすると◎**。悪さをする霊的な気は、電気を放つものに影響するので、時々クリーニングしてきれいにします。

スマホも同じことが言えますが、メール、アプリ、フォルダなど、必要のないデータは消去すると、エネルギー的にもきれいな空白が生まれます。新しい良質な運気（情報など）も入りやすくなりますよ。

金運アップに大切なこと

金運アップは、基本的に仕事運とつながります。

私の芸能の仕事についても、自分の運気やエネルギーの状態が面白いほどわかります。自分のエネルギーがアップすると、仕事がダーッと決まったり、やりたいと思っていた仕事が、向こうからやってくることがよくあります。

技術を磨くことは大前提ですが、**パワーが上がると、アンテナも立ちやすくなり、引き寄せる力が変わってくる**のです。

パワースポットに行って、仕事が決まった！　というときは、神さまとのつながりから、ご自身の気が上がった証拠。

人生を豊かにしていく金運アップのためにも、エネルギー、波動を高めていきましょう。

また、**金運アップには、お金と仲良くなること、人と仲良くなることも大切**です。

仲良くなるのがお金だけだと、お金が入ってきたとき、使い方も活かし方も自分のためだけの考えになりますね。エネルギーの入り方も動き方も小さくなります。お金が入ってきて、そのとき使ったら終わりです。

ですが、人とお金を大切にできる人は、そのお金の活かし方を考えます。

人と仲良くつながり、一緒にワクワクすることを考えていける人には人が集まり、さらに新しいアイデアや楽しいことが生まれてきます。

「誰かの役に立つ」ことを考えて、学ぶことやよいものをつくることにお金を動かしていくと、楽しいワクワクする気持ちは、欲や恐れを飛び越えて、次から次へと自分たちのステージを高めていく投資ができます。

そして、コツコツと積み上げたものにある日、大きな役割のあるものと、お金が結びつく神さまのサポートが、絶妙なタイミングで入ってくることがあります。

金運アップに大切なことは、「人のために何ができるか」です。その想いとエネルギーで自分を磨くことが、その先の金運アップに結びついていきます。

また、金額に関係なく、自分の好きなこと、趣味でつくったものなどで、誰かの役に立ってお金をいただくと、人を想う心、お金をいただくことへの感謝の気持ちが生まれてきます。

お金をいただくと同時に、「ありがとう〜」「よかった〜」という気持ちは、「役に立てる喜び」を実感できるので、あなたの心の安らぎにも変わります。

私がそのことを学んだのは、チャリティーツアーでした。

チャリティーツアーは、お預かりしたツアー代金を全額被災地の神社に、参加者の名簿と、手紙を添えて、現金書留でお送りします。現金書留にしたのは、お参り中のみなさんの明るいエネルギーを、お金と一緒に被災地の神さま、神社関係の方、氏子さんに届けたかったから。


大好きな神社（神さま）の役に立てることは、参加するお客さまにとっても、私にとってもうれしいこと。そのポジティブな想いは、神さまからも「ありがとう〜」と広大な光が、いつも以上に膨れ上がる感じで、心に充満するポジティブパワーは、チャリティーツアーが一番な気がしています♪


何かの役に立てることは、本当にうれしいものです。

お金というのは、そもそも何かの役に立つ、その代わりになるもの。

不思議なことに、**ケチにならずに、執着せずに、何かの役に立てることを喜び楽しんでいると、必要なお金が自然に巡ってきます。**

というのも、チャリティーツアーの月は、私にとってツアーの収入がなくなるわけですが、毎回不思議なことに、その月は違う仕事がバンバン入ってきて、お金に困るということにはならないのです。

お金の動き、エネルギーは、本当に面白く、**自分ができることを磨いて、心がフラットでいられるほうが、心地よい金運アップにつながっていきます♪**

ではここで、みなさまの金運アップを後押ししてくださる代表的な神さまをご紹介します！

・**大国主命（大《おお》己《な》貴《むち》命《のみこと》）**

縁結びの神さまで、対人関係をおおらかに、仕事や人の縁を結ぶことが得意です。必要な縁がどんどん結ばれていきます。

「出雲大社（島根県）　日光二荒《ふたら》山《さん》神社（栃木県）など」

・**えびす（事代主《ことしろぬし》命《のみこと》）**

豊漁の神さまで、趣味（釣り）や楽しいことがお好き、託宣（神さまのお告げ）が得意です。商売を楽しむ人を応援して、福を授ける力があります。

［美保神社（島根県）　今宮戎《いまみやえびす》神社（大阪府）など］

・**大山津見神**

山の神さまで、諸産業の繁栄をもたらすことが得意です。商売を大きく進展、繁栄に導く力があります。

［大山祇《おおやまづみ》神社（愛媛県）　三嶋大社（静岡県）など］

・**弁財天（市杵島姫命《いちきしまひめのみこと》）**

水の神さまで、航海安全など、水に関係する守護が得意です。また、技芸上達、美や才能、個性を輝かせる力があります。

［厳島神社・大願寺《だいがんじ》（広島県）　江島神社（神奈川県）など］

・**龍神（高龗神《たかおかみのかみ》）**

水の神さまで、勢いのある流れを生み、動かすのが得意です。人の運や縁を結び、リーダーシップとなる人には特に大きく働きかけます。

［九頭龍神社（神奈川県）　丹生川上《にうかわかみ》神社（奈良県）など］

・**稲荷神（宇迦之御魂神《うかのみたまのかみ》）**

穀物の神さまで、豊かな実りに関係する守護が得意です。感謝を大切にする人がお好きで、安定や成長を助ける力があります。

［伏見稲荷大社（京都府）　祐徳《ゆうとく》稲荷神社（佐賀県）など］

私にとって、仕事運、金運がアップする神社は、神奈川県の九頭龍神社、静岡県の三嶋大社、島根県の出雲大社です。

2023年一番の驚きは、私のYouTube「友ちゃんねる」の動画を撮影するため、メンバーで静岡県の三嶋大社に参拝したときのこと。

私がずっと欲しかった熊手をお受けして、るんるん上機嫌で、神さまの前で熊手をカキカキカキカキカキ♪

すると、友ちゃんねるメンバーが、「今、出品していた高額のオークションが落札されました」「メルカリで出品していた高額商品が売れました」と立て続けに、周囲が金運アップ!!

「すごーい♪」と喜んでいたら、今度は、帰りの新幹線で、私もちょービッグな仕事が舞い込んできました。これには、全員びっくりっ!!

金運アップは、喜び楽しむことが一番です♪

金運アップの「お財布」の選び方

お財布を買うなら、立春（2月4日頃）がお勧めです。

春は、草木が芽吹き成長していく季節。**「春」は「張る」、お財布が張るという意味を込めて、新しく買い替えると縁起がよい**とされています。

ご自身の吉方位の方角が、西、北西のときなら、その方角に行ってお財布を購入するのも◎。私も、経験があって、吉方位が西の時期に、たまたま厳島神社（西の方角）に行く予定があったので、広島でお財布を購入しました。

春財布ではなかったですが、新たな仕事が生まれて、金運アップしましたよ♪

そして、**「お財布が欲しい」と感じる時期が、「変化が起こりますよ〜」という一つのサイン**に感じています。

私は、お財布を替えると、お金に関係する運気がドドドッと変化してきます。たとえば、引っ越しをする、仕事（会社や部署）が変わるなど。

直接お金に関係していないように見えますが、引っ越しをすれば、環境が変わって、自分に影響する土地の気も変わり、家賃も変わります。

仕事が変われば、新たな出会いが生まれ、給料や仕事内容、業務時間、場所も変わることがありますね。

主役がお金でなくても、環境が変われば、お金の流れも変わってくるので、「お財布を替えたい」と感じるときは、「変化の時期かも!?」とワクワクしながらお財布を探してください♪

さて、お財布を新調する際は、**「運気を変える開運財布を購入すること」**が大切です。

お財布は、ご自身の気持ちや運気が上がっているときに購入します。

お勧めは、**金運に関係する神社に参拝して、その日にお財布を探す**こと。

ただ、絶対妥協で購入しないでください。妥協で選んでしまうと、妥協のエネルギーと合うお財布を選んでしまいます。

お財布は、とにかく**自分が大大大好きなデザインのお財布を購入する**ことです。

そして、**値段が高く感じても、お財布に対しては絶対ケチにならない♪**

これ、ポイントです。

今はスマホでピッとお支払いすることが増えていますが、お財布は、お金の住処《すみか》、とっても大切なものです。**見るたび幸せな気持ちになるお財布は、あなたのポジティブな想いがお金をしっかり守ってくれます。**


「お財布は何色が金運アップになりますか?」と聞かれることがあるので(風水では、茶色、ベージュがよいとされているそう)、いろいろな色を試してみました! そして、びっくりするほど、金運が上がったお財布があります。

一つは、**品の良いゴールドの長財布**(ディオール)、もう一つは、**さまざまな色が入ったダイヤモンドパイソン**(日本製)のお財布です。

ちなみに今は、ゴールドのジミーチュウの長財布を持っています。

ゴールドは、見た目から気持ちが上がりますし、かわいいデザインだとお財布を手に取るのもうれしくなります。

長財布は、お財布の中身が見やすく、使い勝手もよいですし、何よりお金がたっぷり入ります。そして、お金にとっても、中で折り曲がらないので、悠々と居心地よくいていただけます。お財布の中を開いたときの気の感じも、明るいものを選ぶのがポイントです！


そして、お財布は、**お金をいっぱい入れておく**のがお勧めです。

お金を持っていると落としたら大変。お金はきれいなものじゃない。お金は人を狂わせる。宝くじが当たると不幸になる。などなど、お金に関するネガティブなイメージがある方は、その想いを手放すためにも、ぜひ試してください。

お金が欲しい！　欲しいのに、入ってくるとすぐ使ってしまう人。お金にネガティブなイメージがあると、無意識ですが、すぐお金を手放しちゃうんですね。

そして、お金に執着が生まれると、今度は使うことに罪悪感が湧きますし、お金を得ても、減ることに恐れが生じてきます。なんともややこしい……。

というわけで、お金に対しては、フラットなイメージ、もしくは、いいイメージを持つほうが、お金にとっても、あなたのところにいて居心地がよく、幸せです。

豊かさを経験させてくれるお金に、ありがとうと言いたくなる関わり方でいると、本当に大切なことにお金が使えるようになります。

お財布を使う前の開運行動

私は、お財布を使い始める前にやっていることがあります。

まず、**新しいお財布をきれいに拭く**こと。ご神水を含んだきれいな布で拭きます。

そして、**今使っているお財布と一緒に、新しいお財布を神社に持っていきます。**金運にご利益の高い神社がお勧めですが、私はそのときどきでピンとくる神社に持っていきます。

お財布は、最初に入れたお金を覚えてくれるので、新札を用意しておきます。

まず、古いお財布から、お賽銭を入れます。

そして、神社でいつも通り挨拶をして、そのあと新しいお財布を前に出します。「お金の巡りが良くなるよう、神さま御縁をおつなぎください」と伝えて、新しいお財布のチャックなどを全部開けて、開いた状態で神さまに差し出します。

次に、新しいお財布に記憶してもらうお金を入れます。このときに入れたお金は使わずに、このお財布とバイバイするまでずっと入れておきます。

そのお金とは別のところに、使うためのお金を入れます。

そのあと、それまで使っていたお財布から、必要なものを新しいお財布に移します。

最後に、新しいお財布からもお賽銭を入れて、「ありがとうございました」と伝えます。

新しいお財布で、最初に使うお金をお賽銭にする、というのがポイントです。

私はこの方法を15年以上やっていますが、お財布を替えると、金運アップするための変化が起こります。

ちなみに、今のジミーチュウの長財布は、２０２３年の元旦に島根県の佐太《さだ》神社にお参りしたときにおろしました。この神社の神さまは、導きのご利益が有名ですが、このお財布をおろしてから、習い事を始めて、仕事に生かす進化が始まっています。

どこでお財布をおろすかによっても、神さまのサポートが変わりそうですね。

金運アップはキッチンが大切

私は、占いや統計学は、もっぱらわからない感覚人間ですが、お友だちには詳しい先生がいます。

そこで、お友だちの風水の先生に金運アップについてお聞きしたら、

「風水では、キッチンが金運に重要な場所なの」

と教えてくれました。

えっ、キッチン!? どど、どーいうこと??

「キッチンのコンロの下には、調味料などを入れて、シンクの下には鍋などの調理器具をしまうといいんです。あと風水では、水のそばに切り花を置くといいんですよ」

へぇ、コンロの下に調味料……。そのほうが使いやすいかも!! と思った私は、早速翌日に総入れ替え。

直感でよさそう～♪ と思ったことは、即行動! 実験します(笑)。

すると、その日に、その日にですよ。メルカリで高額商品が売れたんですーーっ♪

キッチンの金運アップの力、おそるべし(笑)。

ちなみに、冷蔵庫の上に、レンジを置く場合は、厚めの板などを挟むとよいそうですよ。

もし、「やってみよう♪」と思った方は、ぜひお試しください♪

あとがき

最後までお読みいただき、ありがとうございました♪

神さまとつながりたい！　好かれたい！　開運したい！　と感じたら、ポイントは3つ。


目に見えない存在への敬意を持って。

幼稚園児のように、縛られない自由で素直な感性を育てて。

気持ちいいと感じる、ポジティブなことに意識を向けて。


神さまに意識を向けて、日常から神さまとつながりやすい過ごし方をしていると、自然と、神さまが助けてくださったこと、神さまの計らいにも気づいてきます。

それと、神さまとつながることよりも、難しくて大切なのは、「**自分軸で生きてい**

く」こと。

他人軸で生まれる、恐れや怒り、濁ってしまうエネルギーをクリアにしていくために、波動をきれいにするグランディングをして、日々生まれる感情をリリース♪

「今、私は、どうする？　どうしたい？」と、心の奥底にある声を受け入れて、自分軸に戻していきましょう。

パワースポットは、自分をクリアにして、自分軸に整えていくためにピッタリな場所です♪

神聖な気をスィ〜ッと思いっきり吸い込んで、その感じを細胞一つひとつで感じて、神さまにお会いできてうれしい！　というパワースポット巡りを楽しんでください。

天気がいいときは、太陽にありがとう〜♪　と伝えて（笑）。

あなたの日常にも、意識をすると神さまの光が降りそそいでいることに気づきます。
自然とシンクロして、神さまとつながる生活。
あなたの人生は、必ず開運に導かれていきます♪

下川友子

AMATERAS HP

友ちゃんねる
（YouTube）

下川友子　しもかわ ともこ
20代から芸能活動を始め、大手企業の広告、TVCM、ドラマ、ラジオなどで活躍。

20代前半から、パワースポットを巡り続け、ブログで紹介した聖地は、日本国内で約3,000か所、海外の数々のパワースポットは約400か所、ブログに載せていない場所や、同じ聖地に行ったパワースポットを数えると、20,000回を優に超える。

パワースポットを紹介するブログは、タッチの柔らかさ、自由な考え、独自な感性で人気を集める。

目に見えない世界を感じるスピリチュアルな体質から、テレビやラジオ、雑誌、SNS など幅広い媒体で、パワースポットの活用術をはじめ、パワーチャージのコツ、運気を上げる方法、空間の浄化方法、心と体の健康法など、様々な「開運情報」を発信。

2011年からは「パワースポット案内人」として、旅行会社とパワースポットのツアーを毎月開催。2022年まで、3,000名以上の人をパワースポットへ案内している。YouTube「パワースポット案内人・下川友子の友ちゃんねる」他、TBS ラジオと JRN 加盟局で放送している「地方創生プログラム ONE-J」に全国のパワースポット案内人として度々出演中。

「パワースポット」で神さまに好かれて開運する方法

新たなツキを次々と呼び込む！ しあわせ♥生活ルーティン

第一刷　2023年10月31日

著者　パワースポット案内人　下川友子

発行人　石井健資

発行所　株式会社ヒカルランド
〒162-0821 東京都新宿区津久戸町3-11 TH1ビル6F
電話 03-6265-0852　ファックス 03-6265-0853
http://www.hikaruland.co.jp　info@hikaruland.co.jp

振替　00180-8-496587

本文・カバー・製本　中央精版印刷株式会社

DTP　株式会社キャップス

編集担当　遠藤励起／伊藤愛子

ISBN978-4-86742-300-4

美人予告！
「スピ美容術」でかわいくなる私の方法
著者：星野美和
四六ソフト　本体 1,800円+税

本当の自分に還る旅
〜心の鎧《よろい》を脱いでありのままに生きていこう〜
著者：嶋村えり子
四六ソフト　本体 1,800円+税